UPCYCLING

STYLISHE PROJEKTE
FÜR DIE WOHNUNG

UPCYCLING

STYLISHE PROJEKTE
FÜR DIE WOHNUNG

SONIA LUCANO • FRÉDÉRIC LUCANO

CHRISTIAN

INHALT

VORWORT

Upcycling, also die liebevolle Umarbeitung von Alltagsgegenständen zu selbstgemachten Möbeln und Dekoartikeln, bietet schier unbegrenzte Möglichkeiten, die eigene Wohnung zu verschönern. Und auch mich hat die Lust gepackt, unserer Wohnung nicht nur mit schöner Trödelware, sondern auch mit umfunktionierten Gegenständen des täglichen Lebens ein neues Gesicht zu verleihen.

Ich meine vor allem Gegenstände, die so alltäglich sind, dass viele sie für wertlos halten und ihr dekoratives Potenzial meist einfach übersehen wird. Also Gegenstände, die jeder zu Hause hat, die zufällig auf der Straße, zum Abholen bereitstehen oder die sich beim Trödelhändler, in Second-Hand-Läden oder auf dem Flohmarkt finden lassen: Obst- und Gemüsesteigen, aber auch Kisten, Paletten, weiße Baumwolllaken, Einmachgläser, Weinflaschen, Konservendosen, weißes Geschirr oder Lampenschirme. Sie alle erhalten durch eine mehr oder weniger aufwendige Umgestaltung eine neue Verwendungsform bzw. eine neue Funktionalität.

In diesem Buch habe ich viele Ideen für eine kreative Verwandlung von Alltagsgegenständen zusammengestellt. Mit geringem finanziellen Aufwand können Sie individuelle Möbelstücke, Lampen oder Dekoartikel nachbauen, die Ihrem Zuhause ein neues Gesicht verleihen. Dafür muss man auch kein Profi im Heimwerken sein. Es genügt, wenn Sie Freude daran haben, zu basteln, zu sticken, zu bohren und zu malen. Lassen Sie sich von den Vorschlägen in diesem Buch inspirieren.

PALETTEN

Paletten können neu und aus unbehandeltem Kiefernholz sein oder bereits die schöne Patina alten Holzes besitzen. Es gibt sie in unterschiedlichen Versionen: aus Vollholz oder als Lattensteigen, mehr oder weniger kompakt, leicht oder massiv. Man sucht sie entsprechend des Projekts aus, das es umzusetzen gilt. Häufig findet man sie rein zufällig als Sperrmüll am Straßenrand oder auf dem Wertstoffhof. Neue Paletten oder Holzkisten kann man auch sehr gut im Internet kaufen.

LAMPE MIT NUMMERNDEKOR

Oder wie man mühelos eine Bodenleuchte mit Energiesparlampe anfertigt ...

WERKZEUG

Stichsäge
Schleifmaschine
(oder Holz-
schleifpapier,
mittlere und
feine Körnung)
1 Lackierpinsel,
breit
Pergament- und
Kohlepapier
Bleistift
1 Haarpinsel,
fein
Bohrmaschine
Schraubenzieher

MATERIAL

1 Palette
Holzlack, matt
weiß
Keramik-
Lampenfassung
mit Sockel und
Stützwinkel
Elektrokabel,
schwarz, mit
Schalter und
Stecker
Glühbirne

ANLEITUNG

● **Wählen Sie eine gute Holzpalette** mit leichter Patina. Sägen Sie diese gemäß der Bildvorlage (Abb. 1) zu.

● **Mit der Schleifmaschine** (oder von Hand mit dem Holzschleif-papier mittlerer Körnung) das zugesägte Lampengestell grob abschleifen, um Holzsplitter zu entfernen. Anschließend mit dem feinen Holzschleifpapier die Holzoberflächen glätten.

● **Das Lampengestell mit dem Holzlack** nur flüchtig über-streichen. Dabei kaum Druck auf den Pinsel ausüben, sodass der angesagte Shabby Look entsteht.

● **Anschließend die Nummer »61802«** vom Schriftmuster auf Seite 126 abpausen und mit Kohlepapier und Bleistift auf die Innenseite des Lampenrahmens übertragen. Die Zahlen mit dem feinen Haarpinsel in weißer Farbe nachziehen.

● **Mit der Bohrmaschine** ein passendes Loch für das Lampen-kabel durch den unteren Teil einer Längsseite des Lampen-rahmens (Abb. 2) bohren. Unmittelbar über dem Loch den Stützwinkel anschrauben.

● **Das Lampenkabel** (Schalter und Stecker bleiben außerhalb des Holzrahmens) durch das Bohrloch nach innen führen und an der Lampenfassung anschließen. Dann die Lampenfas-sung mit der kleinen mitgelieferten Schraube am Stützwinkel befestigen und die Glühbirne einschrauben. Bitte beachten Sie dabei die Vorsichtsmaßnahmen auf Seite 143.

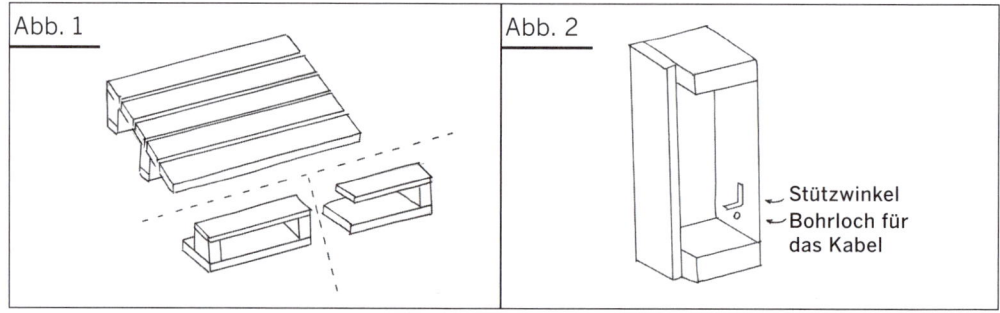

Abb. 1

Abb. 2
Stützwinkel
Bohrloch für
das Kabel

KOPFBRETT »STARS«

Für viele schöne Träume ...

WERKZEUG

Stemmeisen
Hammer
Zange
Stichsäge
Akkuschrauber
Holzschleif-
papier, mittlere
und feine Kör-
nung
Bleistift
Farbrolle, klein
Pergament- und
Kohlepapier
Haarpinsel, fein

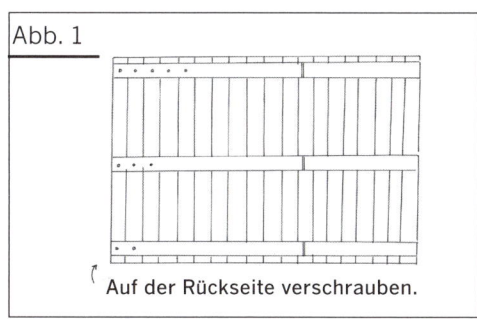
Abb. 1

Auf der Rückseite verschrauben.

MATERIAL

5 Paletten
(19 Bretter à
7,5 cm bis 8 cm)
ca. 60 Holz-
schrauben, 4 cm
Holzfarbe, matt
weiß

ANLEITUNG

● **Nehmen Sie** gut erhaltene, leicht patinierte Holzpaletten. Für ein Bett von 140 cm Breite sollten Sie für das Kopfbrett eine Breite von ca. 150 cm vorsehen. Dafür benötigt man gut 19 Bretter. Zerlegen Sie die Paletten komplett. Nehmen Sie sich dafür Zeit und gehen Sie so behutsam vor, dass Sie das Holz nicht beschädigen. Beginnen Sie mit dem ersten Brett und lösen Sie es mit dem Stemmeisen an den genagelten Verbindungen. Anschließend das Brett umdrehen und die Nägel mit dem Hammer rückwärts ein Stück weit aus dem Holz schlagen. Das Brett erneut wenden und zum Schluss die Nägel mit der Zange herausziehen. Den Vorgang mit den restlichen Paletten wiederholen. Nach getaner Arbeit 19 Deckbretter längsseits nebeneinander und mit der schönen Seite nach unten auf den Boden legen.

● **Jetzt die untere Lattung** (Auflagebretter) der Palette aussortieren: Sie benötigen sechs dieser Latten, die im rechten Winkel auf die nebeneinander aufgereihten Deckbretter aufgelegt werden: zwei jeweils am oberen und unteren Rand und zwei parallel dazu zur weiteren Stabilisierung in der Mitte (Abb. 1). Die Latten sollten gleich lang sein, eventuell kürzen.

● **Die Latten an jedem einzelnen Kopfbrett** mit einer Schraube fixieren. Dabei die Schrauben zunächst durch die Deckbretter und dann durch die Auflagebretter eindrehen.

● **Mit dem Holzschleifpapier** mittlerer Körnung die Kopfbretter grob abschleifen, um eventuelle Splitter und Schrammen in der Oberfläche zu entfernen. Anschließend mit dem feinen Holzschleifpapier die Holzoberfläche glätten.

● **Ungefähr 20 cm unterhalb** des oberen Rands mit dem Bleistift andeutungsweise eine Linie ziehen. Die weiße Holzfarbe unterhalb dieser Linie grobflächig auftragen. Dabei die Ansatzstellen der Farbrolle absichtlich unregelmäßig gestalten.

● **Den Schriftzug »STARS« von der Vorlage** auf Seite 127 abpausen und auf den rechten oberen, unbehandelten Holzstreifen mit dem Kohlepapier übertragen. Anschließend die Schrift mit dem feinen Haarpinsel in weißer Farbe nachziehen.

NIEDRIGER COUCHTISCH

Die schwarze Farbe macht hier aus einer einfachen Palette einen eleganten Couchtisch, der einen schönen Kontrast zum hellen Holzboden bildet.

WERKZEUG

Säge oder Stich-
säge
Stemmeisen
Hammer
Zange
Schraubenzieher
Holzschleif-
papier, mittlere
Körnung
Lackierpinsel,
mittlere Stärke

MATERIAL

1 Palette für
den Tisch,
100 x 120 cm
(mit dichter
Lattung an der
Oberseite)
3 Holzschrau-
ben, 5 cm
Holzlack, matt
schwarz
1 Palette für
die Fußteile
(Fußklötze)
Holzleim

ANLEITUNG

● **Die Längsseite der Palette** von 120 cm auf 80 cm kürzen, indem Sie die Palette nach dem dritten Brett durchsägen (Abb. 1). Auf diese Weise erhalten Sie einen Tisch mit den Maßen 100 x 80 cm und ein Paletten-Segment (Reststück).

● **Entnehmen Sie eine untere Latte** von dem Paletten-Segment (Reststück), das nicht weiterverwendet werden soll. Dazu die Latte an sämtlichen genagelten Verbindungen mit dem Stemmeisen abhebeln, umdrehen und die Nägel mit dem Hammer rückwärts ein Stück weit herausschlagen, anschließend die Nägel mit der Zange vollständig herausziehen.

● **Die Latte an** der offenen Schnittkante des Tisches unterlegen (Abb. 2) und mit Schrauben von unten am Tisch fixieren. Auf diese Weise entsteht ein praktisches Fach für die Ablage von Büchern oder Zeitschriften.

● **Die Holzoberflächen des Tisches** mit dem Schleifpapier grob überarbeiten, um eventuelle Splitter und Schrammen zu entfernen. Dabei sehr behutsam vorgehen, um den rustikalen Charakter des Holzes nicht zu zerstören.

● **Den Tisch mit dem Holzlack** komplett schwarz streichen. Hierzu sind zwei Anstriche nötig. Nach dem ersten Anstrich die Farbe vollständig trocknen lassen, leicht anschleifen und den Tisch ein zweites Mal streichen. Beachten Sie dabei die Gebrauchsanleitung des Herstellers.

● **Die Fußklötze** der zweiten Palette mithilfe des Stemmeisens vorsichtig abhebeln, um diese nicht zu beschädigen.

● **Die vier Fußklötze** in zwei Schichten schwarz lackieren, trocknen lassen und mit dem Holzleim an den vier Ecken des Tisches verleimen.

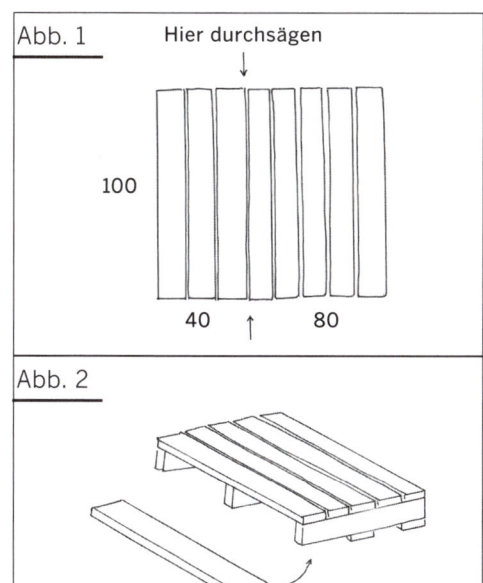

Abb. 1 — Hier durchsägen — 100 — 40 — 80

Abb. 2

KLEINE WANDKONSOLE

Ein ideales Möbelstück zur dekorativen Ausstattung eines schmalen Flurs.

WERKEUG

Stemmeisen
Hammer
Zange
Akkuschrauber
Holzschleif-
papier, mittlere
Körnung
Lackierpinsel,
mittlere Stärke

MATERIAL

2 Paletten à
100 x 80 cm
12 Schrauben,
3 cm
4 Winkel
(L-Form), 3 cm
Holzfarbe, matt
hellgrau

ANLEITUNG

● **Eine intakte Palette beiseitestellen.** Die zweite Palette so zerlegen, dass Sie drei makellose Bretter erhalten, die später als Regalbretter dienen können. Hierzu die Latten an den genagelten Verbindungen mit dem Stemmeisen vorsichtig abhebeln, umdrehen und mit dem Hammer die Nägel rückwärts ein Stück weit aus dem Holz schlagen. Die Latten erneut wenden und die Nägel mit der Zange herausziehen.

● **Die intakte Palette** senkrecht so aufstellen, dass die Lattung horizontal verläuft. Das erste Brett auf das obere Ende der Palette legen, sodass die Palette mit dem Brett abschließt. An beiden Enden mit je zwei Schrauben fixieren (Abb. 1).

● **Die beiden verbliebenen Bretter** in die Zwischenräume der Palette einklemmen: das erste Brett im ersten Drittel der Palette und das zweite etwas tiefer, sodass zwei Regalbretter entstehen.

● **Die beiden Regalbretter** mit je zwei kleinen Winkeln fixieren. Dazu den Winkel zunächst unter dem Regalbrett an der Palette befestigen und anschließend die andere Seite des Winkels von unten am Regalbrett anschrauben.

● **Das Holz mit leichtem Druck** abschleifen, um mögliche Splitter zu entfernen und Unebenheiten zu glätten.

● **Das Wandregal grob** mit der grauen Holzfarbe überstreichen und trocknen lassen.

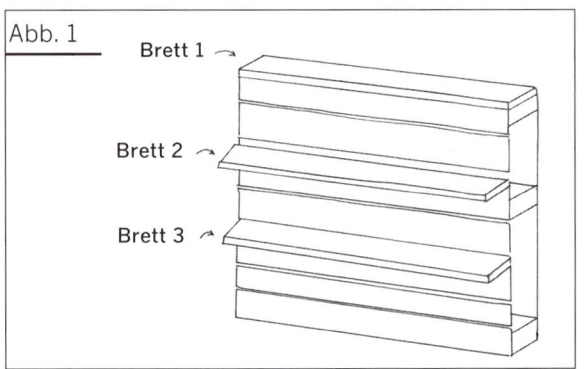

Abb. 1
Brett 1
Brett 2
Brett 3

SCHILDER IM VINTAGESTIL

Platz für kleine individuelle Botschaften, die sich überall anbringen lassen.

WERKZEUG

Säge oder Stich-
säge
Pergament- und
Kohlepapier
Bleistift
Haarpinsel, fein

MATERIAL

3 Bretter mit
Patina (z. B. von
einer Palette)
Holzfarbe, matt
schwarz

ANLEITUNG

● **Die Bretter so zusägen,** dass Sie fünf Abschnitte von je 40 cm Länge erhalten.

● **Anschließend die Schilder** nach Belieben beschriften. Pausen Sie hierzu die Schriftvorlagen »happiness«, »minute papillon«, »enjoy«, »it's time« und »folie douce« von den Seiten 128 bis 130 ab. Mit Kohlepapier und Bleistift auf die einzelnen Holzschilder übertragen und mit dem feinen Haarpinsel in schwarzer Farbe nachziehen. Anstelle der Vorlagen können Sie auch beliebig andere Wörter wählen. Skizzieren Sie diese auf Pergamentpapier und übertragen Sie sie dann, wie oben beschrieben, auf die Schilder.

● **Die Schilder als nette** Botschaften an der Wand anbringen.

minute Papillon

ENJOY

{ it's time }

minute Papillon

Folie douce →

happiness

KOMPAKTER HOCKER

Eine einfache Holzkonstruktion aus einzelnen Latten, die mit zwei Spanngurten effektvoll in Form gehalten werden.

WERKZEUG

Stemmeisen
Hammer
Zange
Stichsäge
Holzschleif-
papier, mittlere
Körnung

MATERIAL

2 Paletten
ca. 30 Nägel,
6 cm
2 Spanngurte

ANLEITUNG

● **Paletten zerlegen**: Die Bretter mit dem Stemmeisen ab-hebeln, umdrehen und die Nägel mit dem Hammer rückwärts ein Stück weit aus dem Holz schlagen. Die Bretter erneut wenden und die Nägel mit der Zange vollständig herausziehen.

● **Sämtliche Bretter verwenden** und exakt auf eine Länge von 44 cm zuschneiden. Sie benötigen insgesamt 39 Holzbretter.

● **Jeweils drei Bretter** übereinanderlegen und mit je zwei bis drei Nägeln zusammennageln. Das erleichtert später die End-montage. Auf diese Weise neun Blöcke bestehend aus jeweils drei Brettern erstellen. Die einzelnen Blöcke zu einem Hocker zusammenstellen. Sie bilden die Basis. Anschließend die rest-lichen zwölf losen Bretter rundherum anlegen und den Hocker mit zwei Spanngurten, einem oben und einem unten, fest verzurren.

● **Die Außenseiten** mit dem Schleifpapier grob abschleifen, um eventuelle Splitter zu entfernen.

GARDEROBE

Am schönsten ist es, wenn Sie die einzelnen Haken exakt nebeneinander ausrichten, so wie in der Schule.

WERKZEUG

Stemmeisen
Hammer
Zange
Säge oder
Stichsäge
Holzschleif-
papier, mittlere
Körnung
Bohrmaschine
Pinsel, breit
Buchstaben-
stempel

MATERIAL

1 Palette
Holzlasur, grün
und grau
8 Kupfernägel
als Garderoben-
haken, 6 cm
Stempelfarbe,
schwarz

ANLEITUNG

● **Die Palette zerlegen:** Die einzelnen Bretter mit dem Stemmeisen so von der unteren Lattung abhebeln, dass die Fußklötze noch am Brett befestigt sind (Abb. 1). Die Bretter umdrehen und die Nägel mit dem Hammer rückwärts ein Stück weit aus dem Holz schlagen. Die Bretter erneut wenden und die Nägel mit der Zange herausziehen. Verwenden Sie so viele Bretter wie nötig, um die gewünschte Anzahl an einzelnen Garderobenbrettern zu erhalten. Anschließend sämtliche Bretter halbieren (Abb. 1).

● **Mit dem Schleifpapier** die einzelnen Garderobenbretter vorsichtig anschleifen, um Splitter zu entfernen, ohne dabei die Patina des Holzes zu zerstören.

● **Auf der Rückseite** der Garderobenbretter mit der Bohrmaschine ca. 4 cm unterhalb der Oberkante ein Loch für die Wandaufhängung bohren.

● **Die Garderobenbretter** in den gewünschten Farben lasieren. Z. B. drei in Grün und ein Garderobenteil in Grau.

● **Je Garderobenbrett zwei Kupfernägel** als Haken in die Holzklötze einschlagen. Dabei darauf achten, dass die Nägel parallel zueinander und auf gleicher Höhe stehen.

● **Die jeweiligen Vornamen** 10 cm unterhalb der Lattenoberkante aufstempeln (Abb. 2).

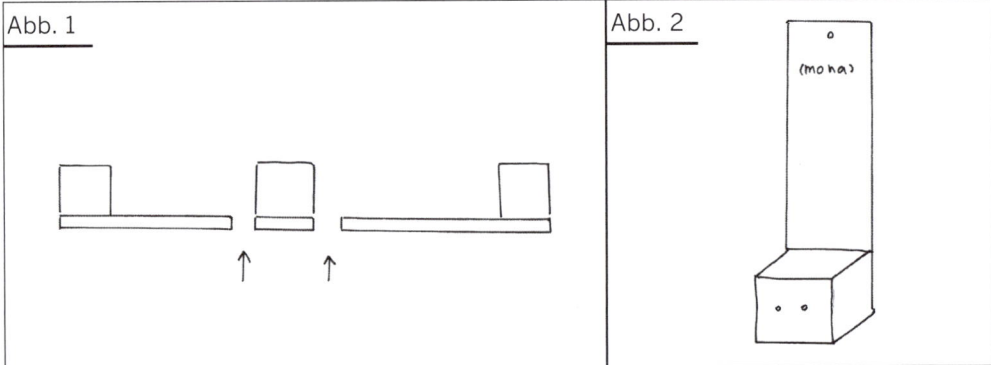

Abb. 1

Abb. 2

(mona)

HOLZKWÜRFEL MIT ZAHLEN

Naturholzklötzchen zur Dekoration oder als Lernhilfe.

WERKZEUG

Stemmeisen
Hammer
Zange
Holzschleif-
papier, mittlere
und feine
Körnung
Klebeband
Pinsel, breit
Pergament- und
Kohlepapier
Bleistift
Haarpinsel, sehr
fein

MATERIAL

3 Paletten
mit kleinen,
quadratischen
Fußklötzchen
Holzlasur, matt
hellgrau
Holzfarbe, matt
schwarz

ANLEITUNG

● **Sie benötigen zehn Fußklötzchen.** Dazu mit dem Stemmeisen zuerst die Bretter mit Fußklötzen von der Lattung
abhebeln. Anschließend die Klötze an den genagelten Verbindungen mit dem Stemmeisen von den Brettern trennen. Bei
Bedarf mit Hammer und Zange arbeiten.

● **Sind die Holzwürfel** als Lern- oder Spielmaterial für Kinder
gedacht, werden sie zuerst mit dem Schleifpapier mittlerer
Körnung grob von Splittern befreit und anschließend mit
dem feinen Schleifpapier geglättet. Verwenden Sie die Holzwürfel zur Dekoration, können die Oberflächen unbehandelt
bleiben.

● **Die Flächen der Würfel,** die nicht mit Farbe behandelt werden sollen, mit dem Klebeband abkleben (Abb. 1).

● **Die Fußklötzchen** oberflächlich mit hellgrauer Holzlasur
streichen und trocknen lassen.

● **Die Zahlenvorlagen** von Seite 126 abpausen und mit Kohlepapier und Bleistift auf die Würfel übertragen. Dabei nicht
alle Seiten eines Würfels beschriften, sondern einzelne Seiten
frei lassen. Die Zahlen mit dem sehr feinen Haarpinsel in
schwarzer Holzfarbe nachziehen.

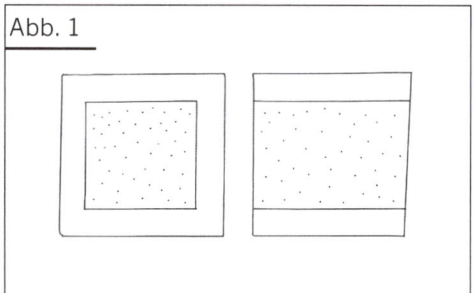
Abb. 1

KERZENHALTER

Hier werden die schlichten Klötze aus Holz zu stilvollen Kerzenhaltern umfunktioniert.

WERKZEUG

Stemmeisen
Hammer
Zange
Holzschleif-
papier,
mittlere und
feine Körnung
Holzfräsaufsatz
für die Bohr-
maschine,
2,5 cm Durch-
messer
Bohrmaschine
Schraubzwinge

MATERIAL

1 Palette
mit kleinen,
quadratischen
Fußklötzchen

ANLEITUNG

● **Als Erstes die Bretter** einer Palette mit dem Stemmeisen an den genagelten Verbindungen abhebeln. Anschließend Latten und Fußklötze trennen. Nägel nach der üblichen Methode entfernen: Die Bretter umdrehen und die Nägel mit dem Hammer rückwärts ein Stück weit aus dem Holz schlagen. Die Bretter erneut wenden und die Nägel mit der Zange herausziehen. Vorzugsweise die Klötze mit einem Aufdruck auswählen.

● **Fußklötze grob abschleifen**, um eventuelle Splitter und Unebenheiten zu entfernen. Anschließend mit dem feinen Schleifpapier das Holz sorgfältig glätten.

● **Den Holzfräsaufsatz in die Bohrmaschine** einspannen. Die Fußklötzchen nacheinander mit einer Schraubzwinge gut an der Werkbank fixieren. Die Bohrmaschine mit dem Fräsaufsatz exakt senkrecht über dem Holzklotz ausrichten und behutsam zu fräsen beginnen.

● **Eine rundes Loch** von ca. 2 cm Tiefe in das Holz fräsen. Dabei muss die Öffnung nicht unbedingt in der Mitte des Holzklotzes platziert werden. Im Gegenteil: Besonders schön ist es, wenn die Kerzen in den Holzklötzen unterschiedlich positioniert werden.

HOLZKISTEN UND OBSTSTEIGEN

Gemüse- und Obststeigen bleiben auf Wochenmärkten oder in Supermärkten oft einfach zum Mitnehmen liegen. Wählen Sie entweder die kleinen Steigen für Erdbeeren und Clementinen oder die größeren Transportkisten. Sie sind allesamt aus unbehandeltem Holz und daher bestens für verschiedenste Farbanstriche und -lasuren geeignet.

Bei den klassischen Holzkisten sollten Sie sich an die attraktiven, bereits leicht gealterten Exemplare mit besonderen Aufschriften halten. Meistens handelt es sich dabei um Wein- oder Apfelkisten. Letztere sucht man am besten auf Flohmärkten, bei eBay oder unter den Kleinanzeigen in Zeitungen. Davon abgesehen gibt es auch bei Ikea schlichte Kiefernholzkisten in unterschiedlichen Größen.

BRENNHOLZKISTE »FIRE«

Eine dekorative Kiste auf Rollen, in der die Holzscheite vor dem offenen Kamin lagern.

WERKZEUG

Klebeband,
5 cm breit
Cutter oder
Teppichmesser
Lackierpinsel,
mittlere Stärke
Pergament- und
Kohlepapier
Bleistift
Haarpinsel, fein
Schraubenzieher

MATERIAL

1 Apfel- oder
Weinkiste
Holzfarbe,
matt weiß
4 (Möbel-)
Rollen, 3 cm
Durchmesser
16 Schrauben,
1 cm

ANLEITUNG

● **Die Kiste sorgfältig reinigen** und trocknen lassen. Das Klebeband diagonal über die Vorderseite der Kiste in Abständen von je 11 cm kleben, über den Zwischenräumen der Latten mit dem Cutter abtrennen und den Überstand über die Lattenränder nach innen umschlagen.

● **Das Holz** an den freien Stellen mit weißer Holzfarbe streichen, trocknen lassen und eine zweite Farbschicht auftragen. Gut trocknen lassen und anschließend das Klebeband sorgfältig abziehen.

● **Die Schriftvorlage »FIRE«** von Seite 127 abpausen und mit Kohlepapier und Bleistift auf einen naturbelassenen Streifen der obersten Latte übertragen. Die Buchstaben mit dem feinen Haarpinsel in weiß nachziehen.

● **Die Kiste auf den Kopf stellen** und die Rollen mit dem Schraubenzieher an den vier Ecken mit jeweils vier Schrauben fixieren.

SITZBANK

Zwei Weinkisten einfach umdrehen, nebeneinanderstellen, ein Polsterkissen als Auflage nähen – und fertig ist eine kleine Sitzbank!

WERKZEUG

Bügeleisen
Stoffschere
Nähmaschine
Nadel
Bleistift

MATERIAL

1 Baumwoll-
Bettlaken
(100 x 200 cm),
weiß
Nähgarn, weiß
Wattefutterstoff
(100 x 200 cm),
2 cm dick
11 Perlmutt-
knöpfe, 1,8 cm
Durchmesser
2 Holzkisten
mit Patina und
Aufschrift

ANLEITUNG

● **Ein Bettlaken** waschen und nur flüchtig bügeln, um einen leichten Knittereffekt zu erhalten.

● **Aus dem Bettlaken** für den Bezug des Sitzkissens zwei Rechtecke zuschneiden, die dem Maß der beiden aneinander-gestellten Holzkisten entsprechen (107 x 35 cm). Die Saum-zugabe von 1 cm ist bereits eingerechnet.

● **Aus dem restlichen Bettlaken** Streifen mit einer Breite von 5 cm zuschneiden, zu einem geschlossenen Band von ca. 280 cm Länge (entspricht dem Umfang des Sitzbezugs) aneinandernähen.

● **Das Stoffband** an das erste Rechteck rechts auf rechts mit einem Saum von 1 cm annähen. Das zweite Rechteck pass-genau an die anderen Außenränder des Streifens stecken. Zusammennähen und eine Öffnung von 18 cm belassen.

● **Den Wattefutterstoff zu zwei Rechtecken** von je 104 x 32 cm zuschneiden, aufeinanderlegen und in den Bezug schieben.

● **Die Öffnung des Bezugs** beidseitig 1 cm nach innen ein-schlagen und von Hand mit kleinen Stichen schließen.

● **Mit einem Bleistift** die Stellen für die Knöpfe auf dem Bezug markieren (Abb. 1). Achten Sie beim Annähen darauf, dass Sie mit der Nadel das gesamte Kissen durchstechen.

● **Die fertige Sitzauflage** auf die umgedrehten Kisten legen.

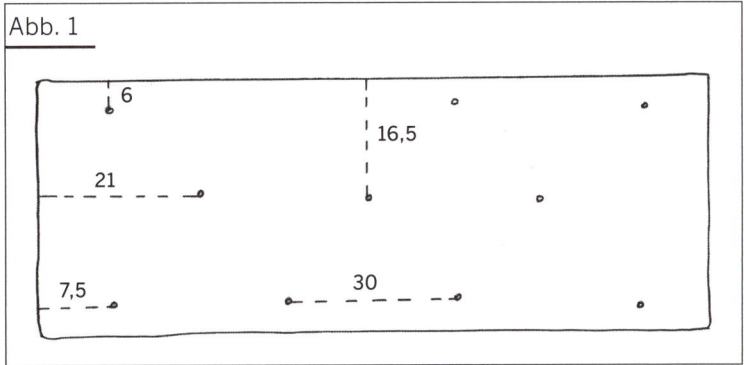

Abb. 1

BÜCHERREGAL

**Konstruieren Sie aus gestapelten Kisten Ihre kleine private Bibliothek.
Für den notwendigen Halt sorgen naturfarbene Lederriemen.**

WERKZEUG

Farbrolle, klein
Lackierpinsel,
mittlere Stärke
Bleistift
große Klemme
oder Schraub-
zwinge
Bohrmaschine
mit feinem
Bohraufsatz

MATERIAL

7 Apfelkisten
Holzfarbe, matt
weiß
3,5 m Leder-
riemen,
naturfarben,
0,5 cm breit

ANLEITUNG

● **Sehen Sie sich auf Flohmärkten** nach Holzkisten um, die durchaus älteren Datums und von unterschiedlicher Größe sein dürfen. Ebenso geeignet sind die unbehandelten Kiefern- holzkisten von Ikea.

● **Streichen Sie die Kisten** mit der weißen Holzfarbe grob- flächig an. Die Kisten dürfen durchaus gebraucht wirken. Lassen Sie die Farbe gut trocknen und stapeln Sie die Kisten, je nach Platzbedarf, quer und hochkant im Wechsel an einer Wand auf (Abb. 1).

● **Die Kisten miteinander verbinden:** Markieren Sie jeweils in einem Abstand von 5 cm zu den Kistenrändern mit dem Blei- stift die Stellen, an denen die Kisten miteinander verbunden werden sollen (Abb. 1).

● **Arbeiten Sie von unten nach oben:** Fixieren Sie zwei Kisten mit einer großen Klemme oder Schraubzwinge aneinander und bohren Sie an der markierten Stelle durch beide Kisten ein Loch. Die übrigen Löcher auf dieselbe Weise bohren und mit der Klemme jeweils zum nächsten Bohrloch übergehen.

● **Schneiden Sie 16 Lederbänder** von je ca. 20 cm Länge zu. Führen Sie jeweils ein Band durch zwei übereinanderliegende Bohrlöcher und knoten Sie beide Enden mit einem sichtbaren Knoten fest zusammen (Abb. 2).

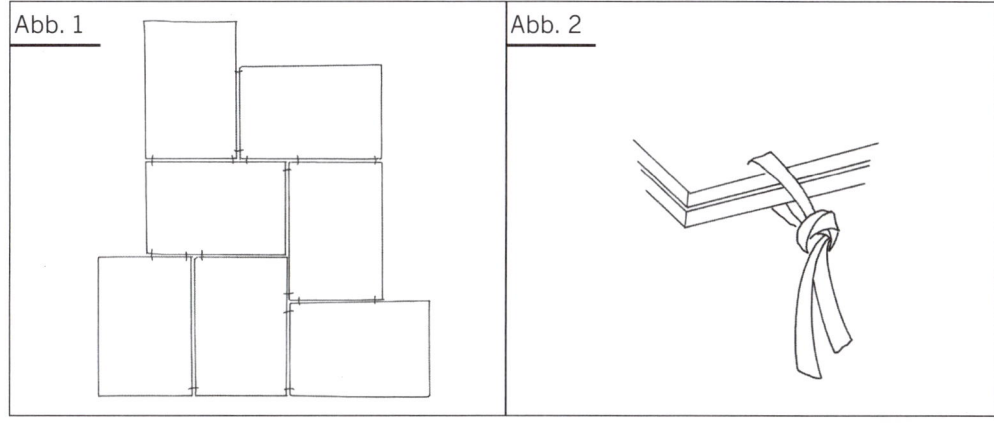

Abb. 1

Abb. 2

PFLANZKISTE

Eine alte Holzkiste wird hier zum Blumentopf für einen Avocado-Baum, Gewürzkräuter und Sukkulenten umfunktioniert.

WERKZEUG	MATERIAL	ANLEITUNG
Handtacker oder Tackerpistole	alte Holzkiste reißfeste Plastikfolie Pflanz- oder Anzuchterde unterschiedliche Pflanzen	• **Wählen Sie eine besonders dekorative** Holzkiste aus. Sie finden ein schönes Exemplar sicher auf einem Flohmarkt, bei eBay oder in den Kleinanzeigen Ihrer Zeitung. • **Kleiden Sie das Kisteninnere** mit der Plastikfolie aus. Die Folie sollte möglichst fest sein, damit sie nicht reißt. Lassen Sie dabei einen Abstand von 2 cm zur oberen Kante und tackern Sie die Folie am Rand rundherum fest. • **Füllen Sie gute Pflanz- oder Anzuchterde** in die Kiste und bepflanzen Sie sie nach Ihren Wünschen mit Blütenpflanzen, Sukkulenten und Gewürzkräutern. Wählen Sie durchaus Pflanzen unterschiedlicher Wuchshöhe und stellen Sie die Pflanzkiste an einen hellen Ort. Regelmäßig gießen.

BAUMWOLLSTOFFE

Für die nachfolgenden Anleitungen sind vor allem weiße Baumwollstoffe, wie z. B. von Bettlaken oder Tischdecken, besonders geeignet. Alte Baumwollstoffe findet man vorwiegend auf Flohmärkten, in Second-Hand-Läden, aber auch über eBay oder über Anzeigen im Internet. Ältere Stoffe sind meist von schwerer, besonders guter Qualität und daher bestens geeignet. Natürlich können Sie auch auf Baumwolllaken neuerer Machart zurückgreifen.

TISCHDECKE MIT TUPFEN

Eine grün gesäumte, duftige Tischdecke mit feinen Punkten.

WERKZEUG

Bügeleisen
Bleistift
Haushalts-
kordel oder
Paketschnur
1 Nagel
Stoffschere
1 Nähnadel
1 Kartoffel
Geschirrtuch
Bastelmesser
Zeitungspapier

Abb. 1

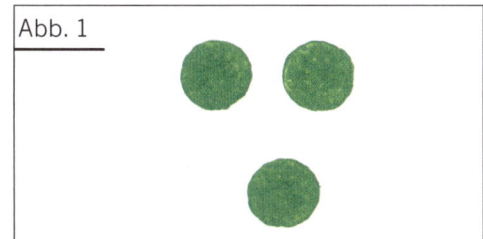

MATERIAL

1 Bettlaken
(200 x 200 cm)
Stickgarn, grün
Textilfarbe, grün

ANLEITUNG

● **Das Bettlaken waschen** und anschließend bügeln.

● **Für den Zuschnitt einer runden Tischdecke** breiten Sie das Laken glatt auf dem Boden aus. Markieren Sie die gemeinsame Mitte von Länge und Breite mit einem Bleistift. Für eine Tischdecke von 180 cm Durchmesser benötigen Sie eine Schnur von 90 cm plus einer Zugabe von 10 cm. Befestigen Sie am einen Ende der Schnur einen Bleistift, am anderen Ende einen Nagel. Der Abstand zwischen Bleistift und Nagel muss genau 90 cm betragen. Bitten Sie eine zweite Person, den Nagel auf der Markierung in der Mitte des Bettlakens aufzusetzen und dabei das Laken gespannt zu halten. Zeichnen Sie nun mit dem Bleistift an der gespannten Schnur einen Kreis auf das Laken und schneiden Sie das Rund sorgfältig aus.

● **Aus dem Stoffrest vier quadratische Tischservietten** (35 x 35 cm) zuschneiden.

● **Arbeiten Sie den Saum**: Ein Stück Faden vom Stickgarn abschneiden und in die Sticknadel einfädeln. Den Stoffrand der zukünftigen Tischdecke zwischen zwei Fingern einrollen (rollieren), die Nadel einstechen und den Saum nach und nach auf der gesamten Länge mit regelmäßigen Feston-stichen (Schlingenstichen) fixieren (siehe Seite 133). Säumen Sie ebenso die Tischservietten.

● **Für den Kartoffeldruck** die Kartoffel halbieren und die aus-tretende Stärke mit dem Geschirrtuch von der Schnittfläche entfernen. Zeichnen Sie einen Kreis in die Mitte einer Schnitt-fläche und schneiden Sie diesen mit dem Bastelmesser so aus, dass er erhaben in der Mitte der Kartoffelhälfte stehen bleibt. Die Teile, die nicht mit der Farbe in Berührung kom-men sollen, werden tief genug weggeschnitten.

● **Die Textilfarbe auf einen Teller geben**, den handgeschnitz-ten Kartoffelstempel eintauchen und auf einem Stück Papier ein paar Probedrucke machen (Abb. 1). Legen Sie unter die Tischdecke und Servietten altes Zeitungspapier, um über-schüssige Farbe aufzufangen. Stempeln Sie dann die Punkte auf – jedoch nur im äußeren Bereich, die Mitte bleibt frei.

● **Tischdecke und Servietten** vollständig trocknen lassen. Zuletzt bügeln, um die Farbe zu fixieren.

TISCHLÄUFER

»EAT«, »GOOD«, »FOOD« – schwarz auf weiß gedruckt für einen schlicht gedeckten Tisch.

WERKZEUG

Bügeleisen
Stoffschere
Nähmaschine
Pergament- und
Kohlepapier
Bleistift
Malpinsel, fein

MATERIAL

1 Bettlaken
(140 x 200 cm),
weiß
Nähgarn, weiß
Textilfarbe,
schwarz

ANLEITUNG

● **Das Bettlaken waschen** und bügeln.

● **Aus dem Bettlaken** drei Rechtecke der Maße 102 x 45 cm zuschneiden.

● **Den Saum mit dem Bügeleisen umbügeln:** Dazu bei jedem Rechteck in einem ersten Durchgang einen Saum von 0,5 cm einschlagen und zur Fixierung bügeln. Danach den Saum nochmals um 1 cm einschlagen, bügeln und festnähen.

● **Übertragen Sie die Schriftvorlagen** »EAT«, »GOOD«, »FOOD« von den Seiten 131 und 132 mit Pergament-, Kohlepapier und Bleistift auf die Mitte der Stoffrechtecke.

● **Ziehen Sie die Schriftzüge** mit der schwarzen Textilfarbe nach. Lassen Sie die Farbe gut trocknen. Bügeln Sie die Tischläufer sorgfältig, um die Schrift auf dem Stoff zu fixieren.

● **Ist noch Stoff übrig,** so nähen Sie doch noch ein paar schlichte weiße Servietten daraus und stempeln Sie jeweils nur einen Buchstaben je Serviette in schwarzer Farbe auf.

GOOD

VORHANG MIT FARBVERLAUF

Farbeffekte in warmem Olivgrün verwandeln ein unspektakuläres Bettlaken in einen zauberhaften Vorhang.

WERKZEUG

großes Becken
oder Wanne
Salz

MATERIAL

2 Bettlaken
(100 x 220 cm)
Textilfarbe,
olivgrün

ANLEITUNG

● **Die Bettlaken waschen**, aus der Maschine nehmen, ausschütteln und glatt ziehen.

● **Die Farbe** in ein ausreichend großes Becken oder in eine Wanne geben (beachten Sie hier die Angaben des Herstellers), mit heißem Wasser aufgießen und die entsprechende Menge Salz laut Hersteller hinzufügen.

● **Das erste Laken glatt ziehen** und bis zur Hälfte seiner Länge in die Schüssel tauchen. Fünf Minuten ziehen lassen. Anschließend ca. 30 cm des Stoffes aus dem Farbbad herausheben, den restlichen Stoff für weitere zehn Minuten in der Farbe ziehen lassen. Den Vorgang noch drei Mal wiederholen und dabei den Stoff jeweils ca. 20 cm weiter aus dem Farbbad holen (Abb. 1). Mit dem zweiten Vorhang ebenso verfahren.

● **Die Vorhänge waschen** und an der frischen Luft trocknen.

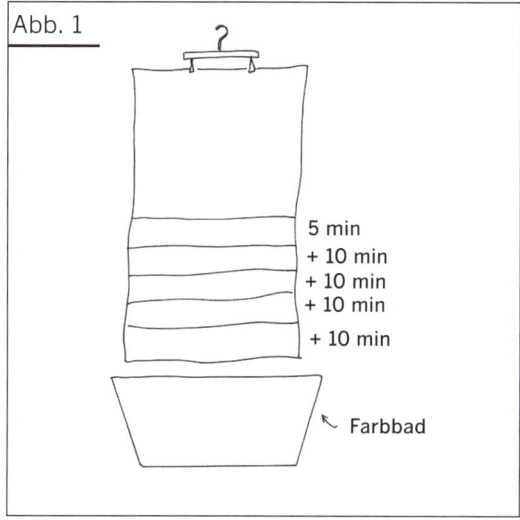

Abb. 1

5 min
+ 10 min
+ 10 min
+ 10 min
+ 10 min

Farbbad

EINKAUFSTASCHE

Eine Einkaufstasche für jeden Tag – schlicht und im Handumdrehen aus einem Baumwolllaken gefertigt und mit Henkeln aus Leder veredelt.

WERKZEUG

Bügeleisen
Stoffschere
Nähmaschine
Cutter
Ledernadel

MATERIAL

1 Bettlaken
(90 x 200 cm),
weiß
Nähgarn, weiß
1 m Natur-
lederriemen,
3 cm breit
Nähgarn,
blassrosa

ANLEITUNG

● **Das Bettlaken waschen.** Anschließend nur vorsichtig bügeln, um einen leichten Knittereffekt zu erhalten.

● **Aus dem Bettlaken** zwei Rechtecke (A) von 32 x 52 cm zuschneiden. Die Saumzugabe von 1 cm ist bereits inbegriffen. Dann ein Band (B) von 16 x 112 cm und ein weiteres Band (C) von 16 x 130 cm zuschneiden. Sämtliche Kanten der Stoffzuschnitte versäubern.

● **Das Band (B) gegen das erste Rechteck (A)** rechts auf rechts legen und in einem Kantenabstand von 1 cm an den zwei kurzen Seiten und einer langen Seite annähen.

● **Das zweite Rechteck (A) passgenau** an die andere Seite des Bandes (B) legen und gleichermaßen die beiden kurzen Seiten und die lange Seite mit dem Band (B) zusammennähen. Anschließend das Band (C) an den kurzen Seiten zusammennähen. Das Band (C) rechts auf rechts auf die Oberkanten der Tasche stecken (Abb. 1), rundherum annähen und den Überstand nach innen stülpen.

● **Aus dem Lederriemen** für die beiden Henkel zwei Bänder von 45 cm Länge zuschneiden und die Enden der Bänder mit dem Cutter schräg abschneiden. Die Lederriemen an der Oberkante der Tasche anlegen – 4 cm von jedem oberen Rand der Rechtecke (A) entfernt. Die Henkelenden mit Sattlerstich (Schusterstich) und dem blassrosa Nähgarn in einem Viereck von 2 x 3 cm annähen (siehe Seite 133).

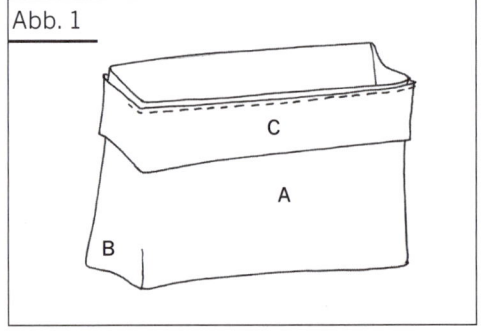

Abb. 1

外

BESTICKTES KISSEN

Ein schlichtes Kissen, das durch den aufgestickten Kreis eine individuelle Note erhält.

WERKZEUG

Bügeleisen
Stoffschere
Nähmaschine
Zirkel
Sticknadel
Nähnadel

MATERIAL

1 Bettlaken
(100 x 200 cm)
Stickgarn,
khakifarben
Nähgarn, weiß
1 Füllkissen
(40 x 60 cm),
Baumwolle, weiß

ANLEITUNG

● **Das Bettlaken waschen** und anschließend leicht bügeln, ohne den Knittereffekt restlos zu entfernen.

● **Aus dem Bettlaken** zwei Rechtecke von 67 x 42 cm zuschneiden. Die Saumzugabe von 1 cm ist bereits inbegriffen. Die Kanten der beiden Stoffstücke versäubern.

● **Die Stickarbeit durchführen:** Dazu mit einem Zirkel einen Kreis von 30 cm Durchmesser mittig auf eines der Stoffrechtecke zeichnen. Ein 60 cm langes Stück des Stickgarns abschneiden, einen Faden aus dem Strang ziehen und damit einen Kreis im Kettenstich auf das Kissen sticken (siehe Seite 133).

● **Die Stoffrechtecke** rechts auf rechts übereinanderlegen und in einem Abstand von 1 cm zu den Kanten zusammennähen. Dabei eine Öffnung von 12 cm an einer Breitseite belassen. Das Kissen auf rechts wenden und die Ecken ausstülpen.

● **Das Füllkissen in den Bezug stecken.** Die Öffnung von Hand mit kleinen Stichen schließen.

LAMPENSCHIRM

Durch die aufgestickte Glühbirne bekommt der Lampenschirm eine neue Anmutung.

WERKZEUG

Bügeleisen
Stoffschere
Nähmaschine
Pergament- und
Kohlepapier
Bleistift
Sticknadel

MATERIAL

1 Bettlaken
(90 x 200 cm),
weiß
Stickgarn,
schwarz
1 Lampen-
schirmgestell,
zylinderförmig,
hängend (Set
mit 2 Ringen),
30 cm Durch-
messer
Klebeband,
doppelseitig
1 Lampen-
fassung schwarz,
mit Kabelset
(Kabel, Stecker
und Baldachin)
1 Glühbirne

ANLEITUNG

● **Das Bettlaken waschen** und vorsichtig bügeln, um einen leichten Knittereffekt zu erhalten.

● **Ein Rechteck von 97 x 35 cm zuschneiden.** Eine Nahtzugabe von 1 cm und eine Saumzugabe von 1,5 cm sind inbegriffen. Die Stoffkanten versäubern.

● **Stickarbeit: Das Motiv »Glühbirne«** (siehe Seite 134) abpausen und mit Kohlepapier und Bleistift auf die Mitte des Stoffrechtecks übertragen. Ein ca. 60 cm langes Stück vom Stickgarn abschneiden und jeweils einen Faden herauslösen, mit dem gestickt wird. Mit Kettenstich (siehe Seite 133) das Motiv »Glühbirne« ausführen.

● **Das Stoffrechteck** rechts auf rechts falten. Die beiden kurzen Seiten zusammennähen.

● **Den oberen und unteren** Drahtring des Lampenschirms von innen mit doppelseitigem Klebeband bekleben. Den Stoff über den oberen Drahtring (in der Mitte befindet sich der kleine Ring zum Einführen der Glühlampenfassung) ziehen. Den Überstand an den Gestellstangen jeweils 1 cm tief einschneiden. Die Schutzfolie des doppelseitigen Klebebands abziehen, nach innen umschlagen und den Stoff daran festkleben (Abb. 1). Diesen Vorgang am unteren Ring des Lampenschirmgestells wiederholen.

● **Für die Aufhängung:** Fassung, Kabel, Baldachin und Stecker installieren, die Glühbirne einschrauben. Bitte beachten Sie dabei die Vorsichtsmaßnahmen auf Seite 143.

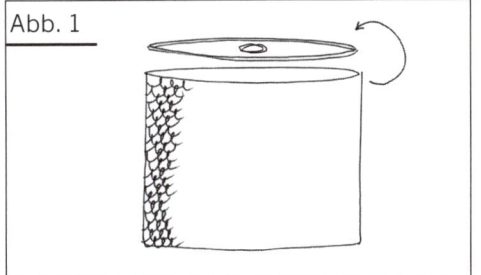

Abb. 1

EINMACHGLÄSER

Zögern Sie nicht, die unterschiedlichsten Glasbehälter zu sammeln: neue und alte Marmeladengläser, Kompottgläser, Vorratsgläser für Gemüse und auch die stylishen, amerikanischen Einmachgläser mit Schraubverschluss, die mittlerweile auch bei uns erhältlich sind. Eine weitere Option ist die Wiederverwendung alter, auf dem Flohmarkt oder im Internet erworbener Glaswaren. Sie alle lassen sich mit etwas Fantasie umarbeiten!

HANDLAMPE

Diese praktische Lampe kann überall im Haus aufgehängt oder aufgestellt werden.

WERKZEUG

Bohrmaschine
Bohraufsatz
für die
Bohrmaschine,
grob und fein
Rundfeile
Cutter
Schraubenzieher

MATERIAL

1 amerikanisches
Schraubglas,
mittlere Größe
1 Glühlampen-
fassung aus
Messing mit
Gewindenippel
und passender
Reduziermuffe
(1,2 cm)
1,50 m Textil-
kabel, schwarz
1 Stecker,
schwarz
1 Glühbirne

ANLEITUNG

● **In die Mitte des Schraubdeckels** mit der Bohrmaschine ein Loch bohren. Mit der Rundfeile die scharfen Kanten glätten und die Größe der Öffnung dem Durchmesser der Verbindungsmuffe anpassen. Danach sechs weitere, kleine Löcher mit dem feinen Bohrer in den Schraubdeckel bohren, um ein späteres Überhitzen der Glühbirne zu vermeiden.

● **Entfernen Sie mit dem Cutter** an einem Ende des Kabels im Abstand von 1 cm die Kabelisolation. Die Drähte an der Lampenfassung anschließen und mit dem Schraubenzieher festziehen.

● **Führen Sie das Kabel** anschließend von der Unterseite des Deckels durch die Öffnung im Deckel nach oben. Die Lampenfassung bleibt dabei auf der Innenseite des Deckels. Schieben Sie nun die Reduziermuffe über das Kabel auf die Oberseite des Schraubdeckels. Stecken Sie das Gewinde der Reduziermuffe durch die Öffnung und schrauben Sie es auf die Fassung der Glühbirne. Die Fassung ist im Deckel fixiert. Entfernen Sie die Isolierung am Kabelende und schließen Sie die Drähte am Stecker an. Bitte beachten Sie dabei die Vorsichtsmaßnahmen auf Seite 143.

● **Schrauben Sie die Glühbirne** in die Fassung und verschließen Sie das Glas anschließend mit dem Deckel.

WINDLICHT

Für stimmungsvolles Licht in Haus und Garten.

WERKZEUG

Klebeband
Lackierpinsel,
mittlere Stärke
Bohrmaschine
mit feinem
Aufsatz
Seitenschneider
oder Zange
Buchstaben-
stempel

MATERIAL

1 altes Holzbrett
(z. B. von einer
Palette),
42 x 9 cm
Holzfarbe,
schwarz
1 Schraubhaken
1 Glasgefäß
mit Schraub-
verschluss, klein
1,5 m feiner
Draht
1 Haken (S-Form)
1 Papieranhänger
Stempelfarbe,
schwarz

ANLEITUNG

● **Wählen Sie ein Holzbrett** mit schöner Maserung. Kleben Sie das Holzbrett mit dem Klebeband so auf der Oberseite ab, dass an den Außenkanten noch ein Streifen von 0,5 cm frei bleibt.

● **Die Ränder** auf der Oberseite sowie die Außenkanten des Bretts mit der Holzfarbe schwarz streichen. Die Farbe gut trocknen lassen. Anschließend das Klebeband entfernen.

● **Den Schraubhaken** an der Vorderseite des Brettes, 5 cm unterhalb der oberen Kante, eindrehen. Anschließend ein kleines Loch auf der Rückseite des Brettes (mittig und 2 cm unterhalb der Oberkante) mit der Bohrmaschine bohren. Dieses dient als Aufhänger für die Befestigung an der Wand.

● **Das Schraubglas sorgfältig** spülen, eventuelle Reste von Etiketten und Klebstoff entfernen. Wenn nötig Waschbenzin benutzen. Gut trocknen lassen.

● **Für die Aufhängung des Glases** 50 cm feinen Draht abschneiden, in der Mitte knicken und doppelt legen. Den Draht oben um das Glasgefäß winden und fest eindrehen, sodass eine ringförmige Halterung um den Glashals entsteht. Jetzt 1 m Draht abschneiden und erneut doppelt legen. Das eine Ende unter den Drahtring am Glasrand führen und mehrfach zusammendrehen. Das andere Ende des Drahtes auf der gegenüberliegenden Seite unter den Drahtring führen und ebenfalls mehrfach zusammendrehen, sodass eine Schlaufe entsteht.

● **Am oberen Ende der Drahtschlaufe** den s-förmigen Haken einhängen und das Glas am Brett befestigen.

● **Mit schwarzer Stempelfarbe** »put the light on« auf den Papieranhänger stempeln (siehe Seite 135) und diesen an der Drahtaufhängung befestigen.

AMPELVASEN

Makramees liegen im Trend, und Pflanzen, die sich in hängenden Gefäßen im Luftzug bewegen, sind immer ein »Hingucker«.

WERKZEUG	MATERIAL	ANLEITUNG
Schere	1 Rolle Haushaltskordel, dünn, naturweiß 1 Glasgefäß mit Schraubverschluss, mittlere Größe	

● **Von der Kordelrolle** acht Schnurstücke von jeweils 3 m Länge abschneiden. Alle acht Schnüre zusammenfassen und in der Mitte falten, sodass Sie ein »U« aus 16 Schnüren von jeweils 1,5 m Länge auf jeder Seite zur Verfügung haben.

● **Für die Aufhängung:** Dem Strang der 16 Schnüre eine Schnur entnehmen. 3 cm links von der Mitte des »U's« die Schnur mit einem Knoten um den Strang der restlichen sieben Schnüre knüpfen und dann über 6 cm den Strang mit diesem Faden weiter umwickeln – jeweils 3 cm von der Mitte (Abb. 1, Seite 135). Anschließend das Schnurende durch die letzte Schlinge ziehen und festzurren.

● **Den gesamten Strang in der Mitte** in eine Schlaufe legen und diesen mit einem Knoten sichern (Abb. 2, Seite 135). Den Strang (z. B. an einem Haken) aufhängen, um die weitere Knüpfarbeit zu erleichtern.

● **Den Schnurstrang** in vier Teile von jeweils vier Schnüren aufteilen und 30 cm unterhalb des Sicherungsknotens in jeden Teilstrang einen Knoten knüpfen (Abb. 3, Seite 136). Anschließend 9 cm tiefer die Teilstränge wiederum in Stränge zu jeweils zwei Schnüren teilen und mit jeweils zwei Schnüren der nebenliegenden Stränge zu einem Knoten verknüpfen (Abb. 4, Seite 136). Auf diese Weise jetzt vier Knoten auf derselben Höhe ringsherum knüpfen und das Netz mit dem letzten Knoten schließen.

● **Wiederholen Sie die Knüpfarbeit** 5 cm weiter unten, indem Sie ein weiteres Mal Schnüre mit den jeweils nebeneinanderliegenden Schnüren der anderen Teilstränge verknüpfen (Abb. 5, Seite 136). Den Vorgang wiederholen und schließlich weitere 5 cm tiefer mit einem einzigen Schlingknoten sämtliche 16 Schnüre wieder vereinen (Abb. 6, Seite 136).

● **Das Glasgefäß in das geknüpfte** Netz stellen, mit einer schönen Pflanze bestücken und aufhängen.

WINTERGARTEN

Kleine Lieblingspflanzen dekorativ nummeriert.

WERKZEUG

Cutter
Schneidermaß-
band
Prägestempel
Hammer
Stichmarkierer
für Lederarbeiten
(Abstandsräd-
chen)
Stichel
Ledernadel,
Sattlerahle

MATERIAL

1 Stück Leder
(50 x 50 cm),
naturfarben
5 Glasgefäße,
verschiedene
Größen und
Formen
Lederband,
blassrosa
Pflanzerde für
Topfpflanzen
unterschiedliche
kleine Pflanzen
(Kakteen, Sukku-
lenten, Zwiebel-
pflanzen ...)
1 kleine
Holzsteige

ANLEITUNG

● **Fünf Lederstreifen** passend für die fünf Glasgefäße zuschneiden. Dazu den Umfang der Glasgefäße ausmessen und eine Zugabe von 2 cm für die Naht vorsehen.

● **Mit den Prägestempeln** und einem Hammer in die Mitte der Lederstreifen »01«, »02«, »03«, »04«, »05« prägen.

● **Die Ledernaht vorbereiten**. Dazu ein Lederband links auf links zusammenlegen. Mit dem Stichmarkierer die Naht 0,5 mm unterhalb der Kante markieren und anschließend jede zweite Markierung mit dem Stichel durchstechen. Das Lederband mit einem Sattlerstich (Schusterstich) durch die vorgeprägten Löcher fädeln (siehe Seite 133). Das blassrosa Garn sieht hier besonders schön aus.

● **Die Pflanzgefäße mit Erde füllen** und mit den verschiedenen Pflanzen bestücken.

● **Die Lederringe** über die jeweiligen Gefäße schieben und die Pflanzgefäße in einer Holzkiste aufstellen.

TIPP Verschiedene Lederarten und das nötige Material findet man in einschlägigen Ledergeschäften, den Stoffabteilungen von Kaufhäusern oder im Internet. Hier wurde helles Schafsleder verwendet.

LIEBLINGSSCHÄTZE UNTER GLAS

Arrangieren Sie kleine Erinnerungsstücke zu einer hübschen Collage.

WERKZEUG

Klebeband
Lackierpinsel,
mittlere Stärke
Buchstaben-
stempel

MATERIAL

1 großes Glas-
gefäß, vorzugs-
weise ein großes
Einmachglas mit
Bügelverschluss
Glasfarbe, matt
weiß
Moos, künstlich
oder echt
Stoffblumen und
andere kleine
Schätze
1 Papieranhänger
Stempelfarbe,
schwarz

ANLEITUNG

● **Kleben Sie das Glasgefäß** 6 cm über dem Glasboden mit Klebeband ab. Streichen Sie den unteren Bereich mit Glasfarbe und lassen Sie die Farbe gut trocknen.

● **Das Glasinnere** mit einer Lage aus künstlichem oder echtem Moos befüllen. Beides finden Sie problemlos in Heimwerkerläden oder beim Floristen. Ergänzen Sie Stoffblumen und arrangieren Sie dazu andere Kleinigkeiten, die Sie besonders schön finden.

● **Das Wort »happy« mit schwarzer Stempelfarbe** auf den Papieranhänger stempeln, diesen am Verschluss des Glases befestigen und den Deckel schließen.

LICHTERKETTE

Ein sanfter Lichtschein als Dekoration für einen festlich gedeckten Tisch.

WERKZEUG

Schere
Seitenschneider
oder Zange
Geschirrtuch
Grafisches
Skalpell
Lackierpinsel,
mittlere Größe

MATERIAL

3,2 m Gips-
binde, 8 cm
breit
20 Gläschen
(z. B. von Baby-
nahrung)
1 Rolle Silber-
draht, fein
Glasfarbe, matt
weiß
1 Lichterkette
mit 20 kleinen
Lichtern

ANLEITUNG

● **40 Quadrate** von je 8 x 8 cm aus der Gipsbinde zuschneiden. Jeweils zwei Quadrate übereinanderlegen und die Ecken
schräg abschneiden, um die Form abzurunden.

● **Feuchten Sie** ein Gipsquadrat mit den Fingern an, um den
Gips etwas aufzuweichen und formbar zu machen; legen Sie
es über die Glasöffnung eines Gläschens und streichen Sie
es über dem Rand glatt, um das Glas zu verschließen. Die
Gipsspuren am Glas sorgfältig entfernen und das Glas trocknen lassen. Mit den restlichen 19 Gläschen ebenso verfahren.

● **20 Drahtstücke** von je 20 cm Länge zuschneiden. Mit dem
Draht die Deckel aus Gipsbinde umwinden, den Draht abdre-
hen und so den Deckel sichern.

● **Das Glas mit einem Tuch** sauber polieren. Ist der Gips gut
ausgetrocknet, mit dem Skalpell ein Kreuz in die Mitte des
Deckels schneiden.

● **Die Gläser auf den Kopf stellen** und den Glasboden mit der
Glasfarbe streichen. Trocknen lassen.

● **Die Gläser** am gewünschten Ort aufstellen und in jedes Glas
durch die Kreuzschnitte ein Licht der Lichterkette stecken.

VASENTRIO

Einige Blüten- und Blattzweige locker in eine hängende Vasenreihe gestellt – und alles scheint zu schweben.

WERKZEUG

Stichsäge
Holzschleif-
papier, mitt-
lere und feine
Körnung
Schraubenzieher
Bohrmaschine
Lochsägeaufsatz,
Durchmesser
2,5 cm
Bleistift
Lineal
Bohraufsatz, fein
Schere

MATERIAL

1 Brett einer
schönen Palette
mit Patina
3 Gläschen
(z. B. von
Babynahrung)
6 kleine
Schrauben
Baumwollkordel,
naturweiß
Bastelkleber

ANLEITUNG

● **Schneiden Sie das Brett** auf die Maße 8 x 24 cm zu. Mit Schleifpapier mittlerer Körnung flüchtig anschleifen, um Splitter zu entfernen. Anschließend das Holz mit dem feinen Schleifpapier glätten.

● **Die Gläser** reinigen und die Leimreste der Etiketten gründlich entfernen. Falls nötig, mit Waschbenzin bearbeiten.

● **Die Deckel der Gläser** mittig auf die Brettunterseite legen und diese jeweils mit zwei kleinen Schrauben am Brett fixieren. Drehen Sie die Schrauben dabei möglichst nahe am Rand ein, ohne jedoch das Deckelgewinde zu beschädigen.

● **In die Mitte jedes Deckels** mit der Bohrmaschine und dem Lochsägeaufsatz ein Loch schneiden, das sich durch die Holzoberfläche fortsetzt – so können Sie später die Pflanzen durch das Brett in die Gläser stellen. Die Kanten der kreisrunden Öffnungen mit dem feinen Schleifpapier glätten.

● **Für die Aufhängung:** An den schmalen Seiten des Brettes jeweils in einem Abstand von 2 cm zur Kante mit einem Bleistift zwei Punkte markieren. Mit der Bohrmaschine und einem feinen Bohraufsatz an diesen Stellen Löcher bohren (Abb. 1).

● **Schneiden Sie zwei Stücke** der Baumwollkordel von je 1,5 m Länge zu. Führen Sie die Kordeln rechts und links entsprechend der Bildvorlage (Abb. 2) durch die Löcher im Brett und machen Sie einen Knoten. Schieben Sie die Knoten jeweils so dicht wie möglich in Richtung Brettoberfläche. Schneiden Sie die kürzeren Kordelenden auf jeder Seite auf den Knoten zurück und fixieren Sie die Knoten mit einem Tropfen Kleber. Zuletzt die Gläschen mit Wasser füllen, an die Deckel schrauben und mit Blumen und Zweigen befüllen.

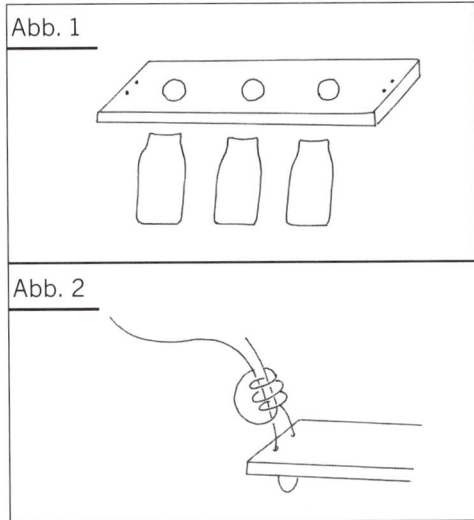

Abb. 1

Abb. 2

GLASFLASCHEN

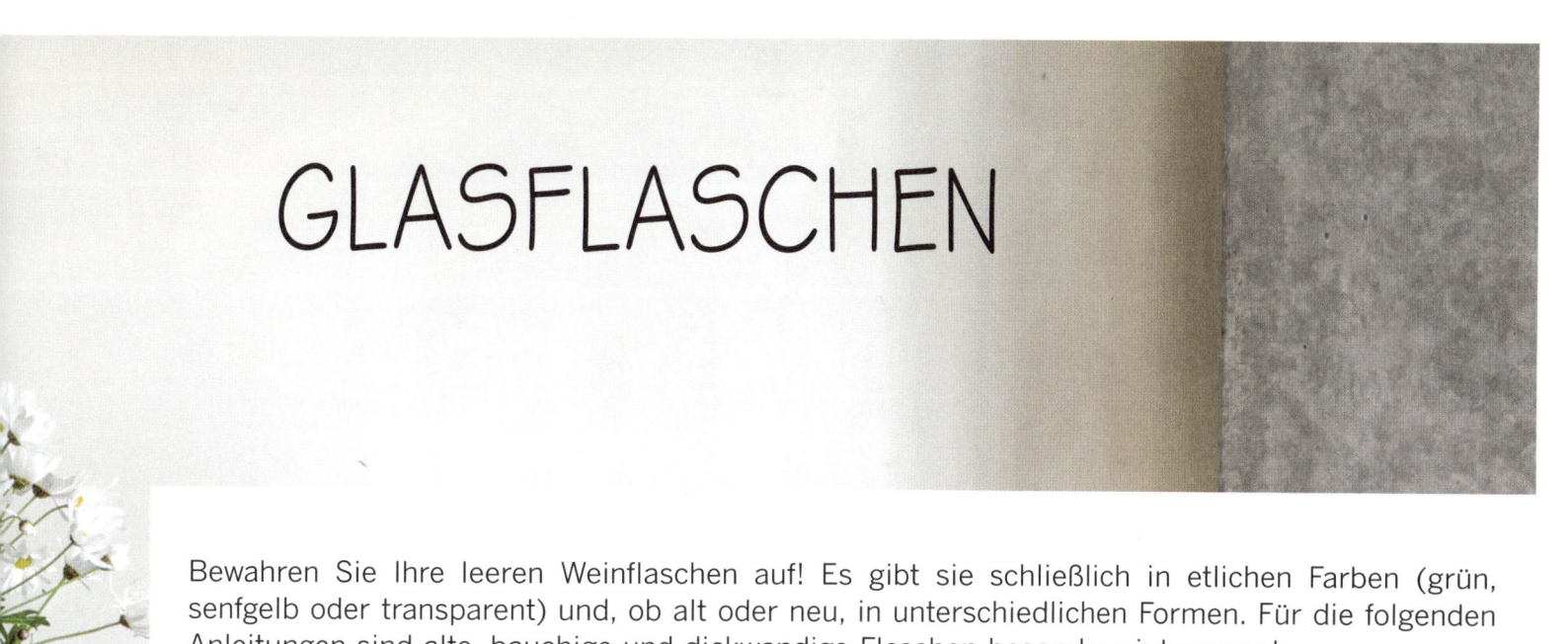

Bewahren Sie Ihre leeren Weinflaschen auf! Es gibt sie schließlich in etlichen Farben (grün, senfgelb oder transparent) und, ob alt oder neu, in unterschiedlichen Formen. Für die folgenden Anleitungen sind alte, bauchige und dickwandige Flaschen besonders interessant.

VASENREIHE

Ein paar zarte Gräser und Blütenstängel werden in dieser Vasenreihe zu einem beeindruckenden Gesamtkunstwerk.

WERKZEUG

große Schüssel oder Becken
Wollfaden oder Schnur, dick (100 % Naturfaser)
Schere
Brennspiritus
Zündhölzer
Schleifpapier, grobe Körnung
1 Häkelnadel, 3 mm

MATERIAL

6 bis 10 Glasflaschen in unterschiedlichen Farben und Formen
2,5 m Goldschnur

ANLEITUNG

● **Kaltes Wasser** zusammen mit Eiswürfeln in eine große Schüssel oder ein Becken füllen.

● **Ein Stück Wollfaden** so abschneiden, dass der Faden zweimal um den Flaschenhals gewunden werden kann. Den Wollfaden in Brennspiritus tauchen und damit an der Stelle den Flaschenhals zweimal umschlingen, an der der Flaschenhals abgeschnitten werden soll (und zwar entweder gerade oder schräg). Den Faden gut festziehen und mit einem doppelten Knoten fixieren. Den Überstand bis zum Knoten abschneiden.

● **Die Flasche unter- und oberhalb** der Markierung von Brennspiritus reinigen und anschließend die Hände gründlich waschen. Die Flasche horizontal mit festem Griff halten und die mit Brennspiritus getränkte Wolle anzünden. Während die Wolle brennt, die Flasche um die eigene Achse drehen. Sobald die Flammen erloschen sind, die Flasche in das Eiswasser tauchen. Auf der Höhe des Wollfadens sollte nun ein sauberer Schnitt entstehen. Funktioniert die Methode nicht wie erwartet, lassen Sie sich nicht entmutigen. Versuchen Sie es erneut.

● **Anschließend die scharfen Kanten** der Schnittstelle mit Schleifpapier glätten.

● **Den Vorgang mit den restlichen Flaschen** wiederholen. Achten Sie dabei darauf, die Flaschenhälse in unterschiedlichen Höhen, gerade oder schräg abzutrennen (Abb. 1).

● **Nehmen Sie jetzt die Goldschnur** in Angriff, mit der die Flaschen miteinander verbunden werden. Häkeln Sie aus der Schnur eine Luftmaschenkette von 2 m Länge (siehe Seite 132). Schlingen Sie die gehäkelte Schnur um die Flaschen und schließen Sie mit einem Knoten ab (Abb. 2). Schneiden Sie den Überstand über dem Knoten kurz ab.

● **Stellen Sie die Vasenreihe** auf den Esstisch und befüllen Sie sie mit unterschiedlichen Blumen und Pflanzen.

TIPP Für das Projekt werden sechs Flaschen benötigt. Es ist jedoch ratsam, einige Flaschen in Reserve vorzuhalten – für den Fall, dass beim Abtrennen des Halses das Glas bricht.

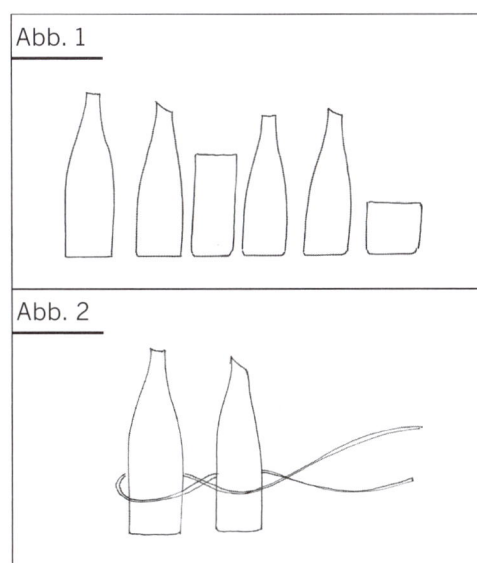

Abb. 1

Abb. 2

VASE FÜR BLUMENZWIEBELN

Oder auch: Wie man Pflanzenzwiebeln ohne Erde zum Sprießen bringen kann.

WERKZEUG

große Schüssel
oder Becken
Wollfaden oder
Schnur, dick
(100 % Natur-
faser)
Brennspiritus
Zündhölzer
Schleifpapier,
grobe Körnung
Buchstaben-
stempel

MATERIAL

1 bis 2 bauchige
Flaschen aus
Weißglas
Stempelfarbe,
schwarz
Blumenzwiebeln

ANLEITUNG

● **Den Flaschenhals** mit der auf Seite 73 (VASENREIHE) be-schriebenen Methode am Beginn des bauchigen Flaschenkör-pers abtrennen und die Kanten der Schnittflächen abschleifen. Anschließend den Flaschenhals kopfüber in den Flaschenkör-per stecken.

● **Die Flaschenetiketten** nur oberflächlich feucht abreiben, sodass ein dünner Papierfilm zurückbleibt. Darauf mit schwarzer Stempelfarbe »to grow up« stempeln.

● **Eine Blumenzwiebel** (Hyazinthe, Amaryllis usw.) mit der spitzen Seite nach oben in den Flaschenhals legen. Das Was-ser bis zur Unterseite der Zwiebel auffüllen.

TIPP Halten Sie für den Fall, dass beim Durchtrennen des Glases eine Flasche zerbricht, einige Flaschen in Reserve vor.

to grow up

WINDLICHTER

Ein Ensemble aus Windlichtern sorgt für gedämpftes Licht und romantische Atmosphäre.

WERKZEUG

große Schüssel
oder Becken
Wollfaden oder
Schnur, dick
(100 % Natur-
faser)
Brennspiritus
Zündhölzer
Schleifpapier,
grobe Körnung

MATERIAL

3 bis 5 Glas-
flaschen
Teelichter

ANLEITUNG

● **Die Flaschen** mit der auf Seite 73 (VASENREIHE) beschriebenen Methode in der Mitte durchtrennen.

● **Die scharfen Kanten** der Schnittflächen abschleifen.

● **Die Flaschenabschnitte** mit Hals über brennende Teelichter
oder Kerzen stellen.

TIPP Für das Projekt werden drei Flaschen benötigt. Es ist
jedoch ratsam, einige Flaschen für den Fall vorzuhalten, dass
beim Schnittvorgang eine Flasche zerbricht.

PENDELLEUCHTE

Eine schlichte Pendelleuchte aus zwei Flaschenhälsen, die je nach gewünschter Lichtstärke aus farblosen oder farbigen Glasflaschen gefertigt werden kann.

WERKZEUG

große Schüssel oder Becken
Wollfaden oder Schnur, dick (100 % Naturfaser)
Brennspiritus
Zündhölzer
Schleifpapier, grobe Körnung
Seitenschneider
Cutter
Schraubenzieher
Hammer

MATERIAL

2 bis 3 Glasflaschen aus farblosem Glas
4 m Textilkabel, weiß
2 Glühbirnenfassungen, Messing
2 Glühbirnen
2 Elektrostecker
2 kleine Schrauben für den Anschluss der Elektrostecker
1 Nagel, groß

ANLEITUNG

● **Den Boden der Flaschen** mit der auf Seite 73 (VASENREIHE) beschriebenen Methode abtrennen.

● **Das Textilkabel** in zwei Teile zu je 2 m zuschneiden. Danach in jeden Flaschenhals ein Kabel von oben in die Flaschen einführen.

● **Entfernen Sie an beiden Kabelenden** (außerhalb des Flaschenhalses) je 1,5 cm des Kabelmantels und schließen Sie die Drähte an je eine Lampenfassung an (Abb. 1). Bitte beachten Sie dabei die Vorsichtsmaßnahmen auf Seite 143.

● **Schrauben Sie die Glühbirnen** in die Lampenfassungen.

● **Für eine Befestigung** an der Zimmerdecke wird die Pendelleuchte, wie üblich, über einen Baldachin angeschlossen.

● **Für eine Befestigung an der Wand** entfernen Sie am freien Kabelende 1,5 cm des Kabelmantels und schließen Sie die Drähte an einem Stecker an. Schlagen Sie einen Nagel an der gewünschten Stelle in die Wand und verbinden Sie die Textilkabel der beiden Leuchten mit einem lockeren Schlingknoten, der gleichzeitig als Aufhänger dient (Abb. 2).

TIPP Für das Projekt werden nur zwei Flaschen benötigt. Es ist jedoch ratsam einige Flaschen vorzuhalten – für den Fall, dass eine Flasche zerspringt.

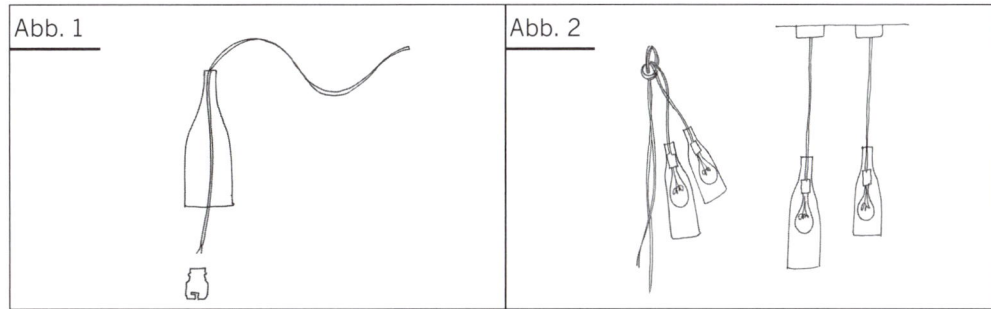

Abb. 1

Abb. 2

VASE IM STRICKMANTEL

Eine schlichte Blüte oder ein schöner Zweig allein sind Schmuck genug für diese winterlich verhüllte Vase.

WERKZEUG

1 Paar Strick-
nadeln Nr. 4
1 Stopfnadel

MATERIAL

1 Knäuel Wolle,
naturfarben
1 Weinflasche
aus grünem Glas

ANLEITUNG

• **Für den Strickmantel** 20 Maschen anschlagen und 17 Reihen glatt rechts stricken.

• **Angefangen mit der 18. Reihe** nach jeder vierten Masche eine Masche aufnehmen – sodass Sie pro Strickreihe insgesamt vier Maschen aufnehmen. Diesen Vorgang über acht Reihen fortführen. Am Ende verfügen Sie über 52 Maschen.

• **Stricken Sie – beginnend mit der 26. Reihe –** mit der erreichten Maschenzahl weitere 20 Reihen glatt rechts.

• **Ketten Sie in der letzten Reihe** die Maschen ab und nähen Sie die beiden langen Kanten auf der linken Seite mit der Wolle und einer Stopfnadel zusammen (Abb. 1).

• **Stülpen Sie den Strickmantel** über die Flasche und dekorieren Sie sie mit einer schönen Blume.

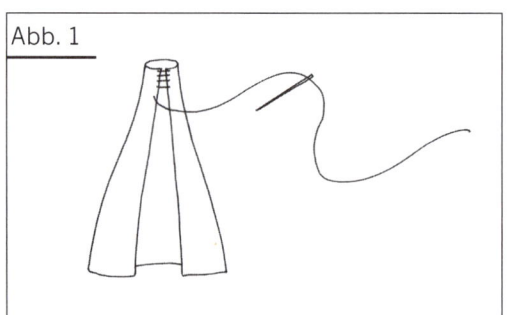

Abb. 1

LICHTERKETTE UNTER GLAS

Für eine besonders stimmungsvolle Beleuchtung sorgt eine Lichterkette in der Flasche.

WERKZEUG

große Schüssel
oder Becken
Wollfaden oder
Schnur, dick
(100 % Natur-
faser)
Brennspiritus
Zündhölzer
Schleifpapier,
grobe Körnung
1 Feile

MATERIAL

1 bis 2 Glas-
flaschen
(bauchige Form)
1 kleine Lichter-
kette

ANLEITUNG

● **Den Flaschenboden** mit der auf Seite 73 (VASENREIHE) beschriebenen Methode abtrennen.

● **Mit der Feile eine kleine Kerbe** in den unteren Flaschenrand feilen, durch die das Kabel der Lichterkette wieder ausgeführt werden kann.

● **Die Lichterkette in die Flasche füllen**, Stecker in die Steck-dose stecken und Licht einschalten!

Tipp Für das Projekt wird nur eine Flasche benötigt. Es ist jedoch ratsam, eine zweite vorzuhalten – für den Fall, dass die erste beim Durchtrennen zerspringt.

KONSERVENDOSEN

Stellen Sie sich eine Auswahl an Konservendosen in unterschiedlichen Größen zusammen. Entfernen Sie Etiketten und etwaige Leimreste sorgfältig mit Waschbenzin. Fertig ist das Ausgangsmaterial für zahlreiche neue und dekorative Kreationen!

PFLANZTÖPFE

Fertigen Sie für Konservendosen schöne Strickhüllen und lassen Sie naturnahe Pflanzgefäße entstehen.

WERKZEUG

Schneider-
maßband
1 Paar Strick-
nadeln Nr. 10
(oder bei dünner
Schnur Nr. 6)
1 Stopfnadel

MATERIAL

1 bis 2 Konser-
vendosen,
mittlere Größe
1 Knäuel
dicke oder
feine Haushalts-
kordel
Pflanzerde
1 bis 2 Sukku-
lenten

ANLEITUNG

• **Die Konservendosen** gründlich spülen und gut abtrocknen. Die Etiketten entfernen. Bei Bedarf Leimrückstände mit Waschbenzin lösen.

• **Den Umfang** der Konservendosen ausmessen.

• **Zehn Maschen anschlagen** und anschließend vier Reihen stricken. Die Nadel herausziehen und die Länge der Maschenreihe mit dem Maßband abmessen.

• **Die Anzahl der Maschen berechnen,** die Sie anschlagen müssen. Dabei hilft folgende Rechnung (Dreisatz): Ergeben zehn angeschlagene Maschen bei Ihrem Teststück 5 cm und Sie benötigen 10 cm, dann rechnen Sie 10 x 10 geteilt durch 5. Das ergibt 20 Maschen.

• **Passen Sie damit die Zahl** der anzuschlagenden Maschen an den Umfang der Konservendosen und die Stärke der verwendeten Schnur an. Haben Sie den Umfang der Strickarbeit berechnet, schlagen Sie die entsprechenden Maschen an und stricken Sie (je nach Höhe der Dose) 15 Reihen kraus rechts. Beenden Sie die Arbeit mit dem Abketten der Maschen.

• **Die beiden langen Kanten** mit der Stopfnadel und einem Stück Haushaltskordel zusammennähen und damit die zylinderförmige Hülle schließen.

• **Über die Konservendose stülpen** und je eine kleine Pflanze, wie z. B. eine Sukkulente, einpflanzen.

KERZE MIT KREUZSTICH

Durch die individuelle Stickerei erhält die Kerze »made in France« eine persönliche Note.

WERKZEUG

Schere
1 Sticknadel
Bleistift
Schüssel
Topf
Schere
Alufolie
Holzspieß

MATERIAL

Siebleinen
(Leinwand
zum Sticken)
Stickgarn,
schwarz
1 dünne Pappe
(13 x 31 cm)
Sprühkleber
(transparenter
Kontaktkleber)
doppelseitiges
Klebeband
1 Konserven-
dose, mittlere
Größe (Durch-
messer 8,5 cm)
Wachspellets
oder Wachs-
perlen, weiß
1 Rohdocht
(Baumwolle)

ANLEITUNG

● **Schneiden Sie aus dem Siebleinen** ein Rechteck von 15 x 31 cm zu. Bestimmen Sie die Mitte und legen Sie das Recht-eck mit einer langen Seite nach unten auf eine Unterlage. Schneiden Sie ein Stück von 60 cm vom Stickgarn ab. Lösen Sie einen einzelnen Faden aus dem Strang.

● **Arbeiten Sie die Aufschrift in Kreuzstichen**, indem Sie den Unterstich von links unten nach rechts oben und den Deckstich von links oben nach rechts unten und jeweils über zwei Gewebeflächen des Siebleinens sticken. Sie können hierzu die Mustervorlage (siehe Seite 137) verwenden oder ein anderes Motiv Ihrer Wahl aufsticken. Das Siebleinen anschließend waschen und trocknen.

● **Besprühen Sie die dünne Pappe** mit Sprühkleber und legen Sie die Stickarbeit darauf. Markieren Sie an den beiden lan-gen Seiten der Stickarbeit jeweils einen Rand von 1 cm. Schlagen Sie den Rand um und befestigen Sie diesen an der Kartonrückseite mit doppelseitigem Klebeband. Die kurzen Seiten leicht ausgefranst belassen.

● **Auf eine kurze Seite der Pappe** beidseitiges Klebeband kleben, die Stickarbeit um die Konservendose rollen und an der Dose befestigen.

● **Schmelzen Sie die Wachspellets** im Wasserbad. Schneiden Sie einen Docht von 18 cm zu. Tauchen Sie den Docht in das Wachs, damit er sich gründlich mit Wachs vollsaugt. Anschließend wieder herausnehmen und so in Alufolie ein-wickeln, dass er gerade ausgerichtet bleibt, das Päckchen für fünf Minuten ins Gefrierfach legen.

● **Ein Ende des hart gewordenen Dochtes mittig** um einen Holzspieß biegen. Den Holzspieß quer über die Ränder der Konservendose legen, sodass der Docht den Dosenboden berührt und beim Eingießen des flüssigen Wachses in der Dosenmitte verbleibt.

● **Füllen Sie das Wachs** in die Konservendose. Lassen Sie dabei einen Rand von 5 mm nach oben. Stellen Sie die Kerze für drei Stunden zum Aushärten in den Kühlschrank.

SCHREIBTISCHABLAGE

Der perfekte Ordnungshelfer für jeden Schreibtisch!

WERKZEUG	MATERIAL	ANLEITUNG

WERKZEUG

Pergament- und
Kohlepapier
1 Bleistift
1 Sticknadel

MATERIAL

5 Konserven-
dosen (3 mitt-
lere, 2 große)
Sprühfarbe,
schwarz
1 m Ripsband
(Kanteneinfass-
band), 1,5 cm
breit, weiß
Stickgarn,
schwarz
Bastelkleber

ANLEITUNG

● **Sprühen Sie die Dosen innen und außen** mit der schwarzen Farbe deckend ein. Entsprechend der Gebrauchsanweisung des Farbenherstellers trocknen lassen. Anschließend die Farbe ein zweites Mal auftragen. Erneut trocknen lassen.

● **Pausen Sie die Aufschrift »organise it!«** (Seite 137) auf Pergamentpapier ab und übertragen Sie diese dann mit Kohlepapier und Bleistift auf das Ripsband.

● **Sticken Sie anschließend die Aufschrift mit Kettenstich** (siehe Seite 133) in schwarzem Stickgarn auf das Band.

● **Arrangieren Sie die fünf Dosen** nach Belieben und fixieren Sie diese mit dem bestickten Band. Zurren Sie das Band fest und befestigen die beiden Enden unterhalb der Dosen mit dem Klcbcr.

organise it !

HÄNGENDE BESTECKKÖRBE

Zur Aufbewahrung von Messern, Gabeln und Löffeln – oder einer kleinen Topfpflanze.

WERKZEUG

Hammer
1 Nagel
Schere
Etikettier-
Gerät (für
Plastiketiketten)

MATERIAL

3 Konserven-
dosen, mittlere
Größe
Sprühfarbe,
matt weiß
3 m Baumwoll-
kordel,
naturfarben
Bastelkleber
3 Plastik-
etiketten,
schwarz

ANLEITUNG

● **Schlagen Sie mit dem Hammer** leicht auf die Konservendosen, um sie etwas zu verformen.

● **Besprühen Sie Innen- und Außenseiten** der Konservendosen mit der weißen Farbe. Lassen Sie die Farbe gut trocken
und bringen Sie anschließend eine zweite Farbschicht auf.
Gebrauchsanweisung des Farbherstellers beachten.

● **Schlagen Sie für die Aufhängung** mit Hammer und Nagel
je zwei gegenüberliegende Löcher in die Dosen, ca. 1 cm
unterhalb des oberen Rands.

● **Schneiden Sie für jede Dose** ein 1 m langes Stück Kordel
ab. Fädeln Sie die Kordel für die spätere Aufhängung durch
die Löcher der Dosen und verknoten Sie sie im Inneren der
Dose. Den Knoten knapp oberhalb des Dosenrandes festziehen. Das kurze Stück Kordel bis zum Knoten zurückschneiden
und mit einem Tropfen Kleber fixieren.

● **Bedrucken Sie drei** Etiketten mit einer Aufschrift Ihrer Wahl
oder – wie auf dem Bild zu sehen – mit »(UN)«, »(DEUX)«,
»(TROIS)« und kleben Sie diese unterhalb der oberen Dosen-
ränder auf.

KLEINE GLÖCKCHEN AUS GIPS

Drei kleine Glöckchen aus Gipsbinden verbreiten ihren sanften Klang überall im Haus.

WERKZEUG

Nagel
Hammer
Pinsel, mittlere
Größe

MATERIAL

3 kleine Kon-
servendosen
(z. B. für Mais)

1 Knäuel
Paketschnur

3 Naturholz-
perlen

6 m Gipsbinden,
5 cm breit

Acrylfarbe, matt
weiß

ANLEITUNG

● **Mit Nagel und Hammer** mittig in den Boden der drei Kon-servendosen ein Loch einschlagen.

● **Drei Schnüre** von 1,30 m Länge zuschneiden. An das eine Ende jeder Schnur einen Doppelknoten machen und eine Perle auffädeln. Anschließend 6 cm höher einen zweiten Dop-pelknoten machen und die Schnur durch das Loch im Dosen-boden (von innen nach außen) führen. Von außen über dem Konservenboden einen dritten Knoten machen und die Dose damit an der Schnur fixieren (Abb. 1).

● **Jede Dose zweifach mit einer Gipsbinde** umhüllen. Den Gips mit lauwarmem Wasser befeuchten, damit sich die Schichten verbinden und mit den Fingern glatt streichen.

● **Die unteren Kanten** der Gipsbinden leicht ausstreichen, damit das Material ausfranst und über den Dosenrand hinaus ein dekorativer Abschluss entsteht. Gut trocknen lassen.

● **Die Außenseiten der Dosen mit der Acrylfarbe** bemalen und vollständig trocknen lassen. Danach einen zweiten Anstrich auftragen.

● **Die freien Schnurenden zu einer Schlinge** verknoten und die Glöckchen mit einem Nagel an der Wand befestigen.

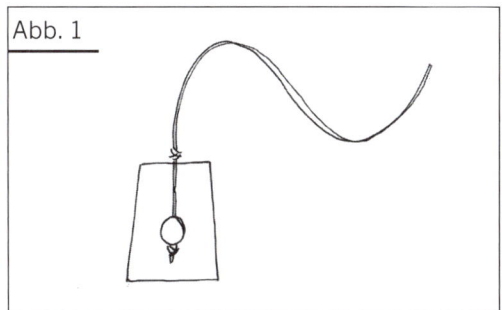

Abb. 1

la vie est belle.

*

LAMPENSCHIRME

Es lohnt sich immer, alte Lampenschirmgestelle aufzubewahren – sollten Sie jedoch keines vorrätig haben, sehen Sie sich in Bastel- und Heimwerkerläden oder auf Flohmärkten um. Zahlreiche Ideen warten auf ihre Verwirklichung.

HÄNGELAMPE MIT STRICKSCHIRM

Dieser Lampenschirm aus grober Paketschnur ist auf sehr schlichte Weise dekorativ.

WERKZEUG

1 Paar Strick-
nadeln Nr. 10
1 Stopfnadel

MATERIAL

1 Knäuel
Paketschnur,
mittlere Stärke,
naturfarben
1 Lampen-
schirmgestell
zum Aufhängen,
zylinderförmig,
30 cm Durch-
messer
1 Kabelset
(Kabel, Fassung,
Baldachin),
schwarz
1 Glühbirne

ANLEITUNG

● **Schlagen Sie 48 Maschen** mit der Paketschnur an. Fertigen Sie ein Rechteck aus 13 Reihen locker links gestrickter Maschen. Ketten Sie die Maschen danach ab.

● **Fädeln Sie ein Stück Paketschnur** in die Stopfnadel ein und nähen Sie die beiden kurzen Seiten des Rechtecks zusammen, sodass eine zylinderförmige Strickhülle entsteht.

● **Streifen Sie die Strickhülle** über das Lampenschirmgestell und befestigen Sie den oberen Hüllenrand mit einem weiteren Stück Paketschnur und Festonstichen (Schlingstichen) am oberen Ring des Lampengestells (Abb. 1).

● **Befestigen Sie die Lampenfassung** am Lampengestell und schrauben Sie die Glühbirne in die Fassung. Bitte beachten Sie dabei die Vorsichtsmaßnahmen auf Seite 143.

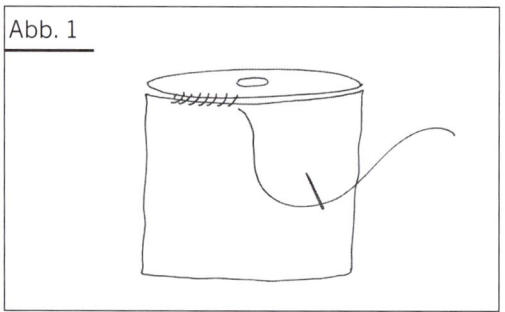

Abb. 1

TRAUMFÄNGER

Oder wie man nächtliche Alpträume fernhält.

WERKZEUG	MATERIAL	ANLEITUNG
Schere	2 Spulen Webgarn, glanzlos, grau und grün 1 Metallring, 25 cm Durchmesser (z. B. Teil eines alten Lampengestells) Bastelkleber verschiedene Federn und Perlen	

● **Schneiden Sie vom grünen Webgarn ca.** 20 Fäden von 1 m Länge ab.

● **Knüpfen Sie mit dem ersten Faden** einen Schlingknoten um den Metallring (Abb. 1) und umwickeln Sie diesen so lange dicht an dicht, bis der gesamte Ring geschlossen ist (Abb. 2). Sobald ein Faden aufgebraucht ist, geben Sie einen Tropfen Kleber auf den letzten Knoten und knüpfen Sie mit einem neuen Faden weiter. Ziehen Sie die Knoten regelmäßig fest.

● **In der zweiten Reihe mit einem neuen Faden** alle 4 cm entlang des Rings gegen den Urzeigersinn eine Schlaufe knüpfen (Abb. 3). Für die nächste Reihe in der Mitte dieser Schlaufen ansetzen und reihum neue Schlaufen knüpfen (Abb. 4). Auf diese Weise bis zum Erreichen der Ringmitte fortfahren (Abb. 5). Ziehen Sie mit dem letzten Faden das Netz zusammen und fixieren Sie es mit einem dreifachen Knoten (Abb. 6).

● **Schneiden Sie zehn Fäden** von 25 cm Länge vom grauen Webgarn zu und knüpfen Sie diese an den unteren Rand des Traumfängers (Abb. 7). Ziehen Sie auf jeden Faden Perlen auf, die mit einem einfachen Knoten in Position gehalten werden, und schließen Sie die Fäden jeweils mit einer Feder ab.

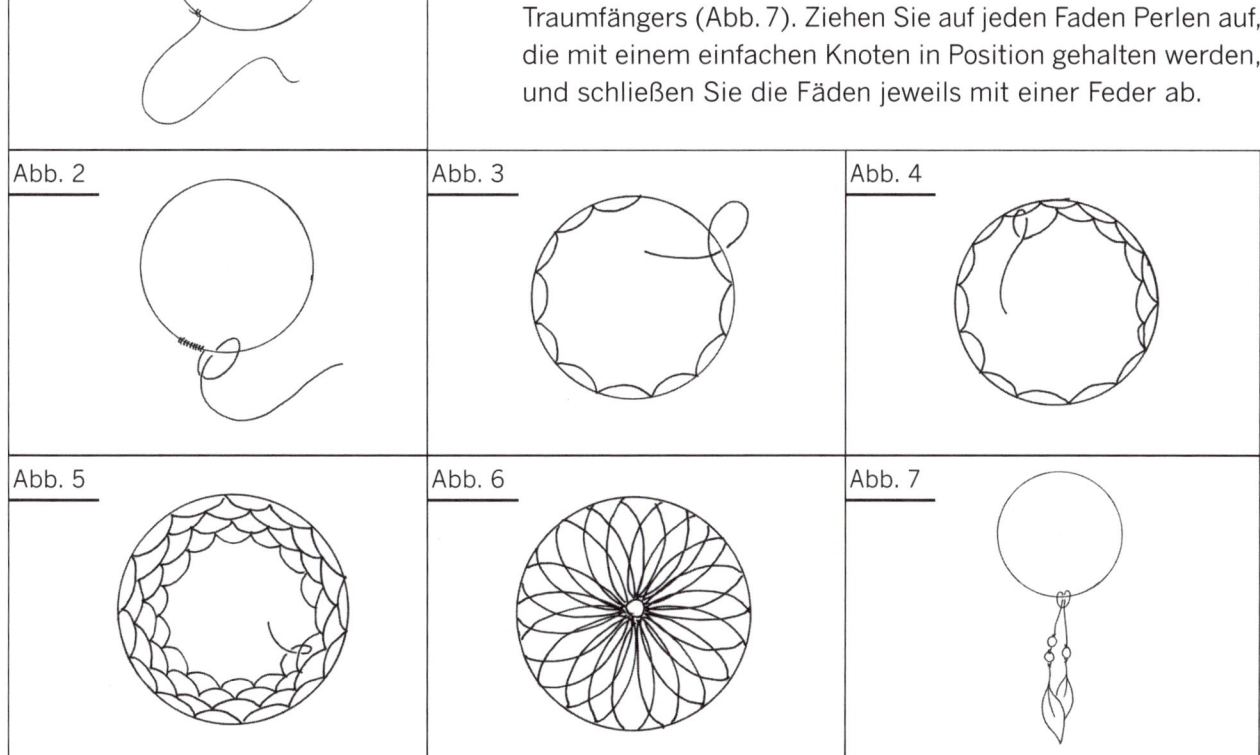

Abb. 1

Abb. 2

Abb. 3

Abb. 4

Abb. 5

Abb. 6

Abb. 7

Schwierigkeit: einfach ■ Arbeitszeit: 3 Std. ■ Technik: Knüpf- und Häkelarbeit

BUNTE HÄNGEDEKO

Eine filigrane Deko aus kleinen Lampenschirmen zum Aufhängen.

WERKZEUG

Schere
Häkelnadel,
3 mm

MATERIAL

5 oder 6 Woll-
knäuel in
verschiedenen
Farben
2 Lampen-
schirme in
Glockenform
Bastelkleber

ANLEITUNG

● **Schneiden Sie von den verschiedenen Wollknäueln** Fäden von ca. 1 m Länge zu.

● **Wickeln Sie die Wollfäden** dicht um das Metallgerüst des Lampengestells (Abb. 1). Kurz vor Ende eines Fadens einen Tropfen Kleber auf den letzten Knoten geben, bevor ein neuer Knoten mit dem nächsten Faden geknüpft wird. Ziehen Sie die Fäden regelmäßig gut fest.

● **Häkeln Sie eine Luftmaschenkette** aus einem Wollfaden in der Farbe Ihrer Wahl von 1 m Länge (siehe Seite 132).

● **Knüpfen Sie zwei Wollfäden** über Kreuz an den oberen Ring des Lampengestells. Befestigen Sie nun die Luftmaschenkette als Aufhänger am Kreuzungspunkt der Fäden. Für einen noch effektvolleren Blickfang mehrere Lampengestelle auf diese Weise umkleiden und zusammen arrangieren.

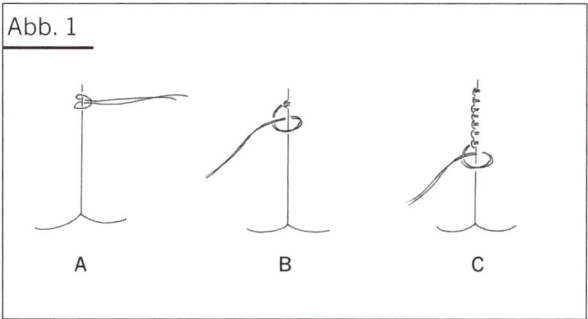

Abb. 1

A   B   C

PAPIERMOBILE

Diese Leichtigkeit der kleinen, im Wind flatternden Botschaften ...

WERKZEUG

Passepartout-Messer oder Papierschneidemaschine
Buchstabenstempel
Schere
1 Nähnadel

MATERIAL

Zeichenpapier, weiß
Stempelfarbe, schwarz
Baumwollgarn, weiß
Nylonfaden, transparent
1 Ring eines Lampengestells, 25 cm Durchmesser
Bastelkleber

ANLEITUNG

● **Mit dem Passepartout-Messer** Rechtecke aus Papier unterschiedlicher Größen zuschneiden: 12 x 12 cm; 9 x 13 cm; 7 x 10 cm.

● **Stempeln Sie kleine Botschaften** in schwarzer Stempelfarbe auf die Zettel. Wählen Sie einfach danach aus, was Ihnen gerade in den Sinn kommt. Hier ein paar Beispiele: »happiness«, »heute gehen wir aus«, »20 Jahre und weiter«, »weekend und kein Ende«, »happy happy happy«, »I have a dream«.

● **Schneiden Sie vom weißen Baumwollgarn** so viele Fäden von 20 cm und 30 cm Länge ab, wie Sie Zettel bzw. Botschaften am Mobile anbringen möchten. Jeweils einen Faden in die Nähnadel einfädeln und damit den oberen Rand der Zettel durchstehen. Anschließend verknoten und den überschüssigen Faden für die spätere Befestigung am Mobile einfach hängen lassen.

● **Schneiden Sie vier transparente Nylonfäden** von jeweils 1 m Länge zu und knoten Sie diese an einem Ende zusammen. Befestigen Sie die anderen vier Fadenenden so am Lampenring, dass dieser gerade hängt. Fixieren Sie die Knoten mit einem Tropfen Kleber.

● **Hängen Sie den Lampenring** auf und befestigen Sie Ihre Botschaften rundherum am Mobile.

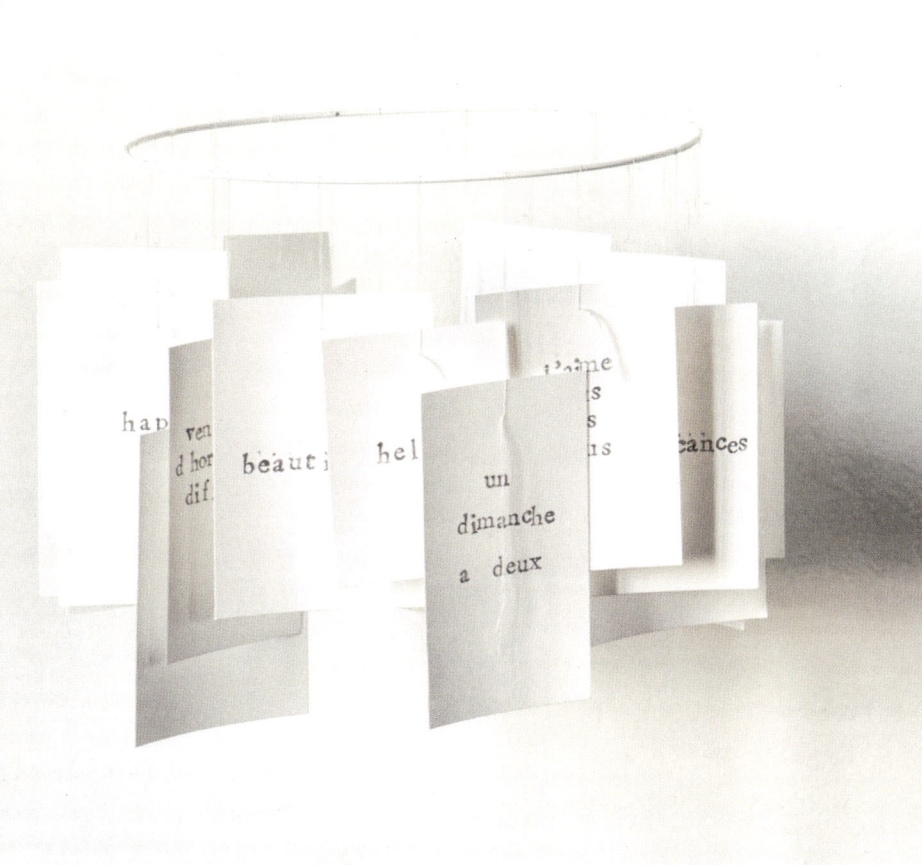

WEISSES PORZELLAN

Suchen Sie auf Flohmärkten, beim Trödelhändler oder im Internet nach unterschiedlichem weißen Porzellan: Teller aller Größen und Formen, Tassen, Untertassen und Milchkännchen. Auch das Starterset eines schlichten weißen Services – als Gebrauchtware oder preiswertes Sonderangebot in Supermärkten und Einrichtungshäusern – findet eine passende Verwendung.

WANDTELLER

Die Stempel der Porzellanmanufakturen finden sich normalerweise versteckt auf der Rückseite des Porzellans. Hier werden Sie zum ungewöhnlichen Designelement der Wandteller.

WERKZEUG

Pergament-
und Kohlepapier
Bleistift
Porzellan-
Malstifte
(blau, grün und
schwarz)

MATERIAL

6 weiße
Porzellanteller
(3 kleine,
3 große)
6 Bildaufhänger
mit Klebefläche

ANLEITUNG

• **Die Teller spülen** und gründlich abtrocknen.

• **Die Motive von der Vorlage** (Seite 138 bis 140) abpausen und mit Kohlepapier und Bleistift auf die Vorderseite der Teller übertragen.

• **Die Stempel und Markennamen** mit den Porzellan-Malstiften nachziehen. Trocknen lassen. Den Farbauftrag im Backofen einbrennen lassen. Dabei die Gebrauchsanweisung des Herstellers beachten.

• **Die Bildaufhänger** auf der Rückseite der Teller aufkleben. Diese sollten mittig am oberen Rand der Teller positioniert werden, damit die Teller auch gerade an der Wand hängen.

since
1775.

PORZELLAN-KERZENHALTER

Verschiedene Porzellangefäße werden zu dekorativen Kerzenhaltern umfunktioniert.

WERKZEUG

Schüssel
Topf
Schere
Alufolie

MATERIAL

Unterschiedliche
Tassen und
Milchkännchen
aus weißem
Porzellan
Wachspellets
oder Wachs-
perlen, weiß
1 Rolle Rohdocht
(Baumwolle)

ANLEITUNG

● **Die Tassen und Milchkännchen** spülen und gründlich abtrocknen.

● **Die Wachspellets im Wasserbad schmelzen.** Die Dochte entsprechend der Tiefe der Gefäße mit einer Zugabe von 4 cm zuschneiden. Sobald das Wachs zu schmelzen beginnt, die Dochte eintauchen. Haben diese das Wachs aufgesaugt, herausnehmen. Die Dochte auf je ein Stück Alufolie legen und die Folie schließen. Dabei darauf achten, dass die Dochte gerade ausgerichtet bleiben. Die Päckchen für fünf Minuten ins Gefrierfach legen.

● **Für jede Kerze** ein Ende des Dochts um einen Holzspieß biegen. Den Holzspieß quer über den Rand des Porzellangefäßes legen. Dabei muss der Docht den Boden berühren und beim Eingießen des Wachses exakt in der Mitte hängen.

● **Das flüssige Wachs** in die Tassen und Milchkännchen einfüllen. Dabei einen Rand von 5 mm von der Oberkante lassen.

● **Die Kerzen für drei Stunden** in den Kühlschrank stellen. Beim Festwerden des Wachses können an der Oberfläche Unebenheiten entstehen. In diesem Fall noch etwas zusätzliches Wachs schmelzen und auf die Oberfläche gießen.

● **Die Dochte 1,5 cm** über der Wachsoberfläche abschneiden.

KÜCHENBRETT

Ein praktischer Helfer im Alltag, der durch das Scherbenmosaik ein modernes Design erhält.

WERKZEUG

1 Tüte aus reiß-
festem Plastik
Hammer
Lineal
Bleistift
Plastikspachtel
Schwamm
Farbrolle, klein

MATERIAL

3 bis 4 weiße
Porzellanteller
1 Holzbrett,
25 x 35 cm
Fliesenkleber
Gips
Allzweckfarbe
matt, weiß

ANLEITUNG

● **Zerbrechen Sie die Teller – einen nach dem anderen**. Zu diesem Zweck einen Teller in die feste Plastiktüte stecken und mit dem Hammer daraufschlagen, um ihn in kleine unregelmäßige Porzellanscherben zu zerbrechen. Wiederholen Sie den Vorgang, bis alle Teller in Scherben liegen. Anschließend die besten Scherben aussortieren. Vorsicht! Verletzungsgefahr, denn die Kanten sind scharf!

● **Teilen Sie das Holzbrett** mit Lineal und Bleistift in vier gleiche Teile. Tragen Sie dann den Fliesenkleber zunächst nur auf einem Viertel auf, denn der Kleber trocknet schnell.

● **Beginnen Sie am Rand des Brettes** und legen Sie eine schöne Porzellanscherbe in das erste Viertel des Brettes. Danach mit den attraktivsten Scherben weiterarbeiten und jeweils Fugen von 2 bis 5 mm zwischen den Scherben belassen. Darauf achten, dass die Scherben genau mit den Holzkanten abschließen. Belegen Sie so nach und nach die ganze Holzfläche. Lassen Sie den Kleber zwei Stunden trocknen (die Gebrauchsanweisung des Herstellers beachten).

● **Den Gips anrühren.** Dazu das Gipspulver mit Wasser mischen. Die Masse sollte die Konsistenz von Zahnpasta haben. Jetzt muss schnell gearbeitet werden, denn Gips härtet schnell aus. Streichen Sie die Gipsmasse mit dem Spachtel über die Porzellanscherben, bis sämtliche Fugen zwischen den Mosaiksteinen gefüllt sind.

● **Wischen Sie die Porzellanoberflächen** mit einem feuchten Schwamm ab, um überschüssigen Gips zu entfernen. Den Vorgang mehrfach wiederholen, bis die Mosaikfläche vollkommen gesäubert ist. Reinigen Sie auch die Brettränder.

● **Mit dem kleinen Farbroller** in drei Anstrichen die Ränder weiß streichen. Dabei darauf achten, dass keine Farbe an den Mosaikbelag kommt. Das Brett gut trocknen lassen.

WANDUHR

Eine Wanduhr in Schwarz-Weiß, stimmungsvoll und individuell.

WERKZEUG

Fräsaufsatz
für die Bohr-
maschine, fein
Bohrmaschine
Pergament- und
Kohlepapier
Bleistift
Schraubenzieher

MATERIAL

1 weißer Teller
Porzellan-
Malstift, schwarz
1 Uhrwerk mit
Uhrzeigern
1 Bildaufhänger
zum Aufkleben

ANLEITUNG

● **Den Teller spülen** und gründlich abtrocknen.

● **Den Fräsaufsatz** auf die Bohrmaschine aufsetzen und vorsichtig in die Tellermitte ein Loch fräsen. Dabei den Teller gut an einer robusten Unterlage fixieren, sodass er nicht verrutschen kann.

● **Das Motiv (Seite 141) abpausen** und mit Kohlepapier und Bleistift auf den Teller übertragen.

● **Mit dem Porzellan-Malstift** das Muster nachziehen. Trocknen lassen und den Teller entsprechend der Gebrauchsanleitung des Herstellers in den Backofen geben, um die Farbe dauerhaft zu fixieren.

● **Das Uhrwerk und die Zeiger anschrauben** und dic Mutter test anziehen. Die Zeit einstellen.

● **Den Bildaufhänger auf der Rückseite** des Tellers am Uhrwerk ankleben und den Teller an der Wand befestigen.

GROSSER KERZENLEUCHTER

Eine Kerze als Endpunkt auf einem kleinen Turm aus unterschiedlichen Porzellanstücken.

WERKZEUG	MATERIAL	ANLEITUNG
Keines	4 weiße Porzellantassen mit Untertassen, in unterschiedlichen Formen und Größen Porzellankleber Kerze	• **Die einzelnen Geschirrteile** spülen und abtrocknen. • **Tassen und Untertassen** in einer sich nach oben verjüngenden Form übereinanderstellen. Dabei können die Tassen auch umgedreht verwendet werden. Achten Sie jedoch darauf, dass die kleinste Tasse, die als Kerzenhalter dient, die Spitze bildet. • **Die einzelnen Tassen und Untertassen** mit Porzellankleber aneinanderkleben und eine passende Kerze in die oberste Tasse stellen.

(with love)

GIPSSCHÄLCHEN

Eine kleine Schale mit viel Liebe geformt.

WERKZEUG	MATERIAL	ANLEITUNG
Buchstaben-stempel	1 weißer Porzellanteller 6 m Gipsbinde, 8 cm breit Stempelfarbe, schwarz	

● **Den Teller spülen** und gründlich abtrocknen.

● **Für eine erste Lage** den Teller mit der Gipsbinde vollständig umwickeln (Abb. 1). Den Gips mit lauwarmem Wasser befeuchten, damit sich die Schichten verbinden und mit den Fingern gut glätten.

● **Für eine zweite Lage** den Teller mit der Gipsbinde senkrecht zur Richtung des ersten Belages um den Teller wickeln. Die dritte Lage ebenfalls senkrecht zur Richtung der vorausgegangenen Lage anbringen. Zwischen den einzelnen Lagen die Gipsbinden immer wieder gut mit den Fingern anfeuchten und glatt streichen.

● **Von der Gipsbinde** Bänder von 20 cm Länge zuschneiden und der Breite nach halbieren. Diese Stücke so an den Tellerrand anlegen, dass sie dessen Konturen folgen. Anschließend die Außenseiten leicht ausfransen (Abb. 2). Zwei Tage trocknen lassen.

● **Mit schwarzer Stempelfarbe** »(with love)« auf den Tellerrand drucken.

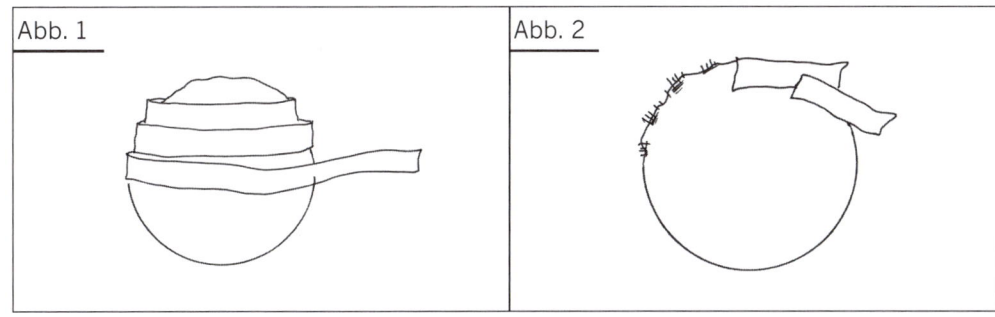

Abb. 1

Abb. 2

VORLAGEN

Nachstehende Vorlagen sollen Sie bei der Herstellung der einzelnen Projekte unterstützen. Hier finden Sie: Motive und Schriftzüge zum Kopieren sowie Vorlagen zum Nähen, Sticken und Zeichnen.

Lampe mit Nummerndekor (Seite 10),
Holzwürfel mit Zahlen (Seite 24)

0123456789

(abcdefghijklm

nopqrstuvwxyz)

Kopfbrett »STARS« (Seite 12)

STA
RS

Brennholzkiste »FIRE« (Seite 30)

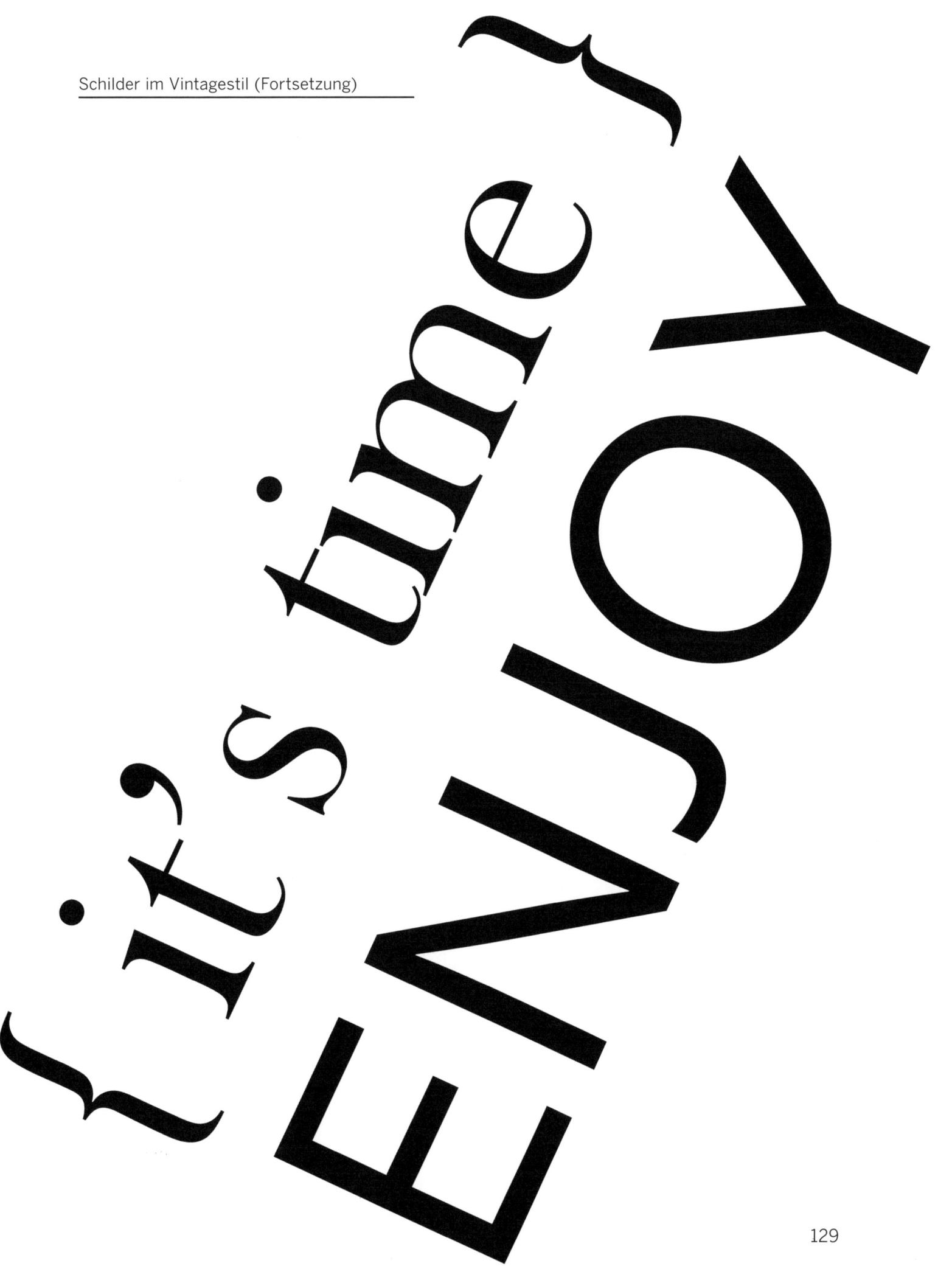

{ it's time } ENJOY

EAT

Luftmaschenkette

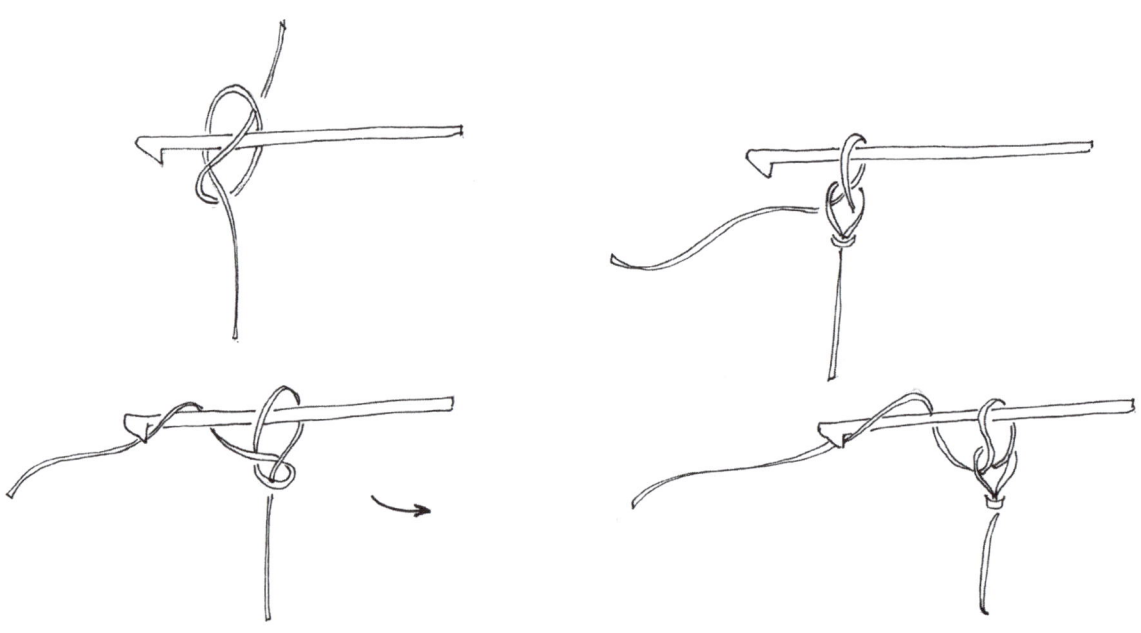

Festonstich (Schlingenstich)

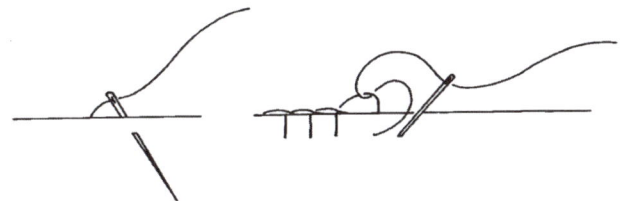

Sattlerstich (Schusterstich)

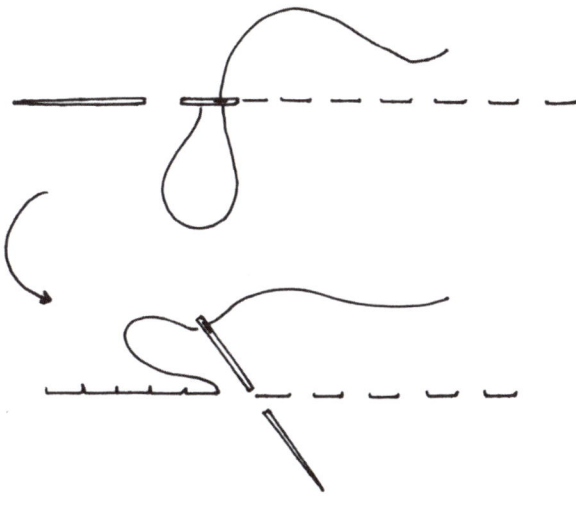

Kettenstich

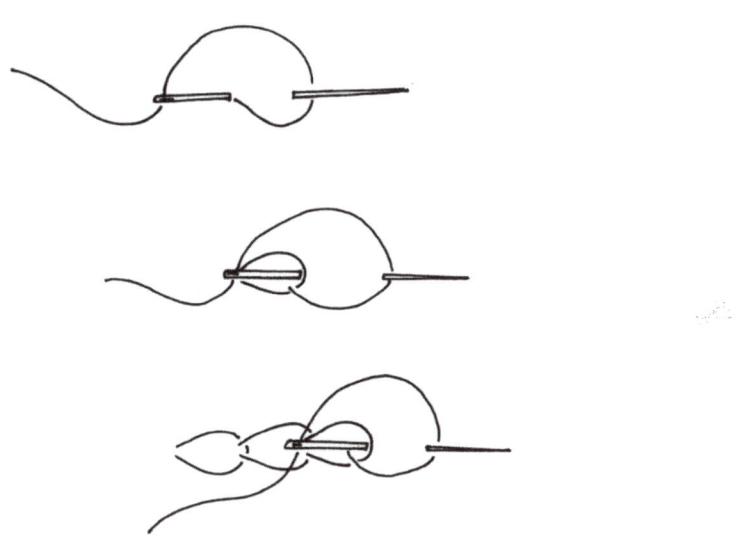

Windlicht (Seite 56)

Put the light on

Ampelvasen (Seite 58)

Abb. 1

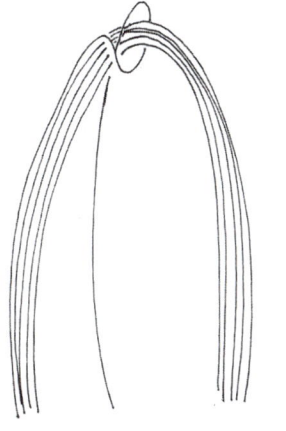 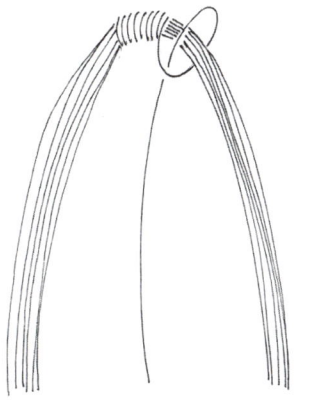 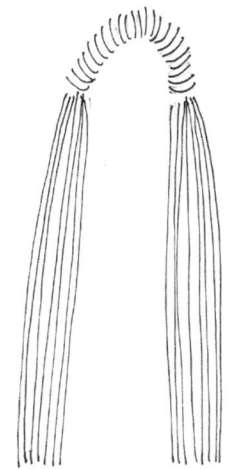

Abb. 2

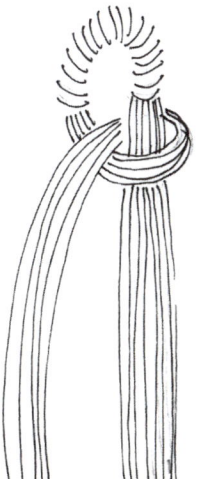 

Abb. 3

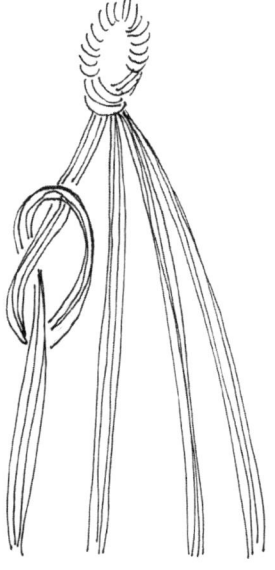

Abb. 4

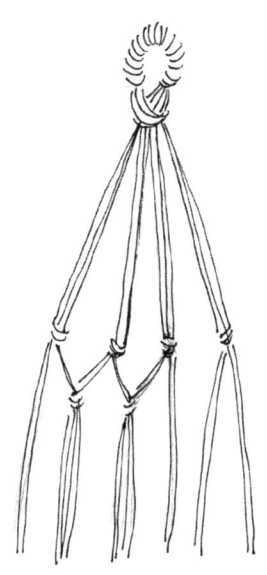

Abb. 5

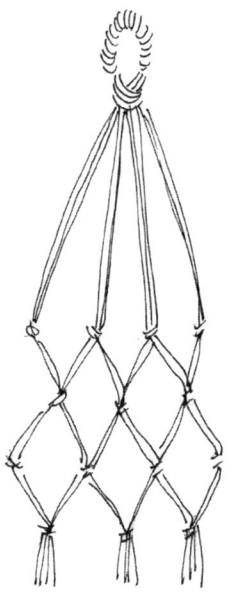

Abb. 6

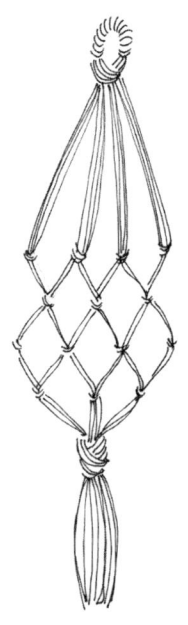

Kerze mit Kreuzstich (Seite 90)

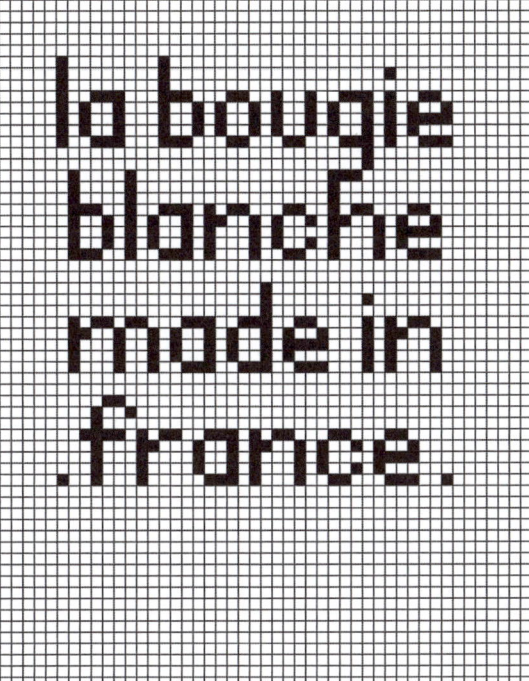

Schreibtischablage (Seite 92)

organise it !

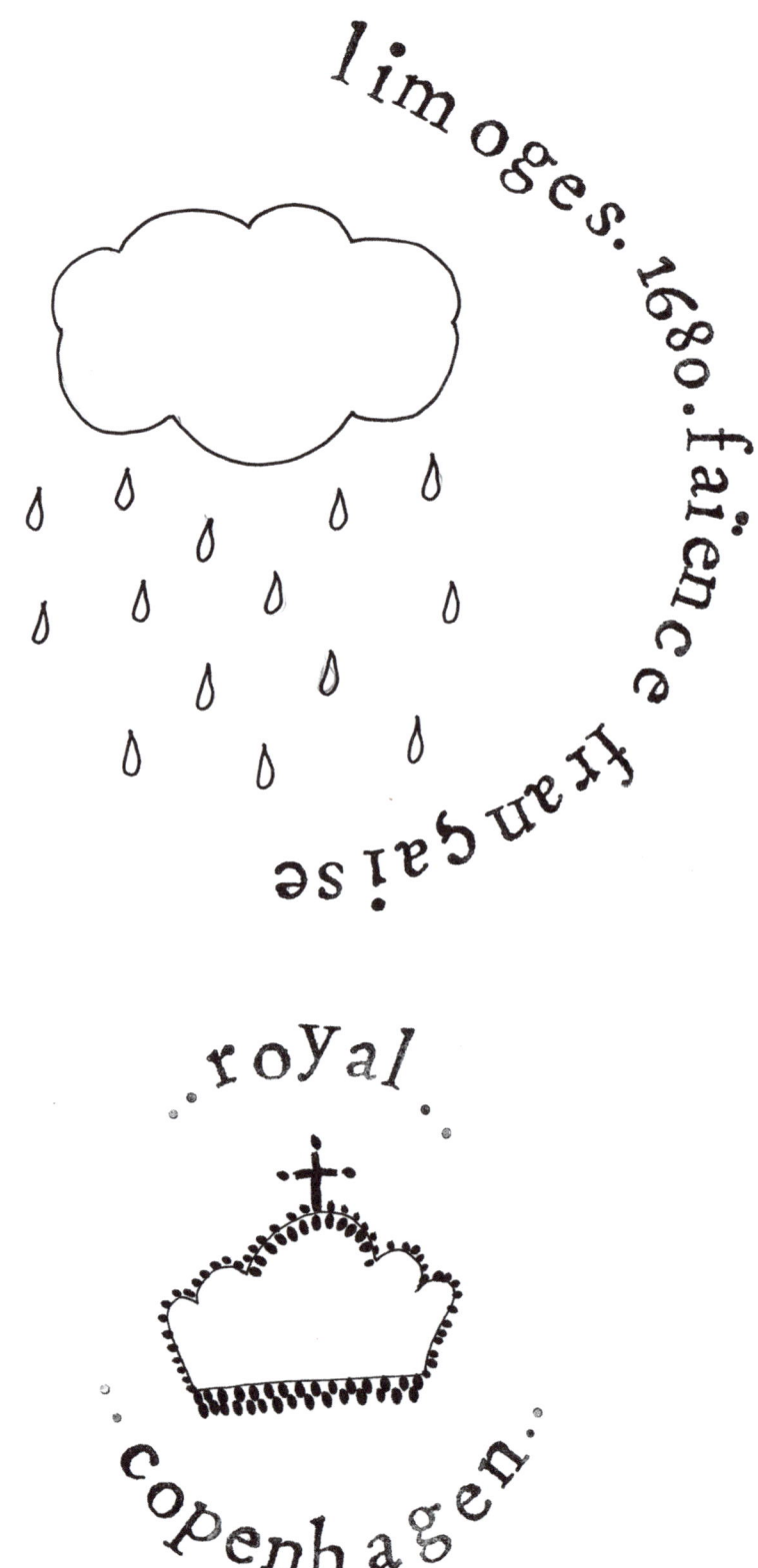

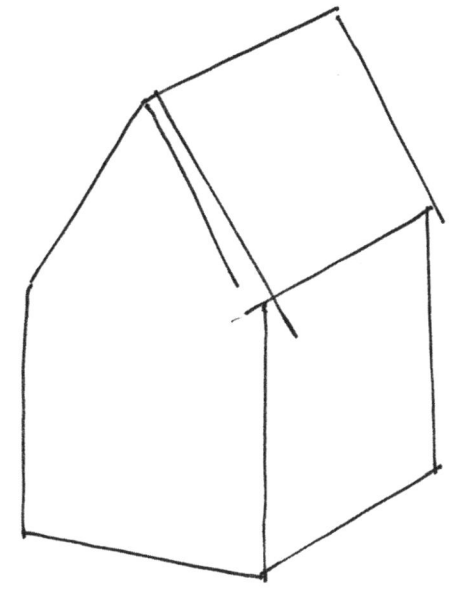

since
1775.

my

white

home

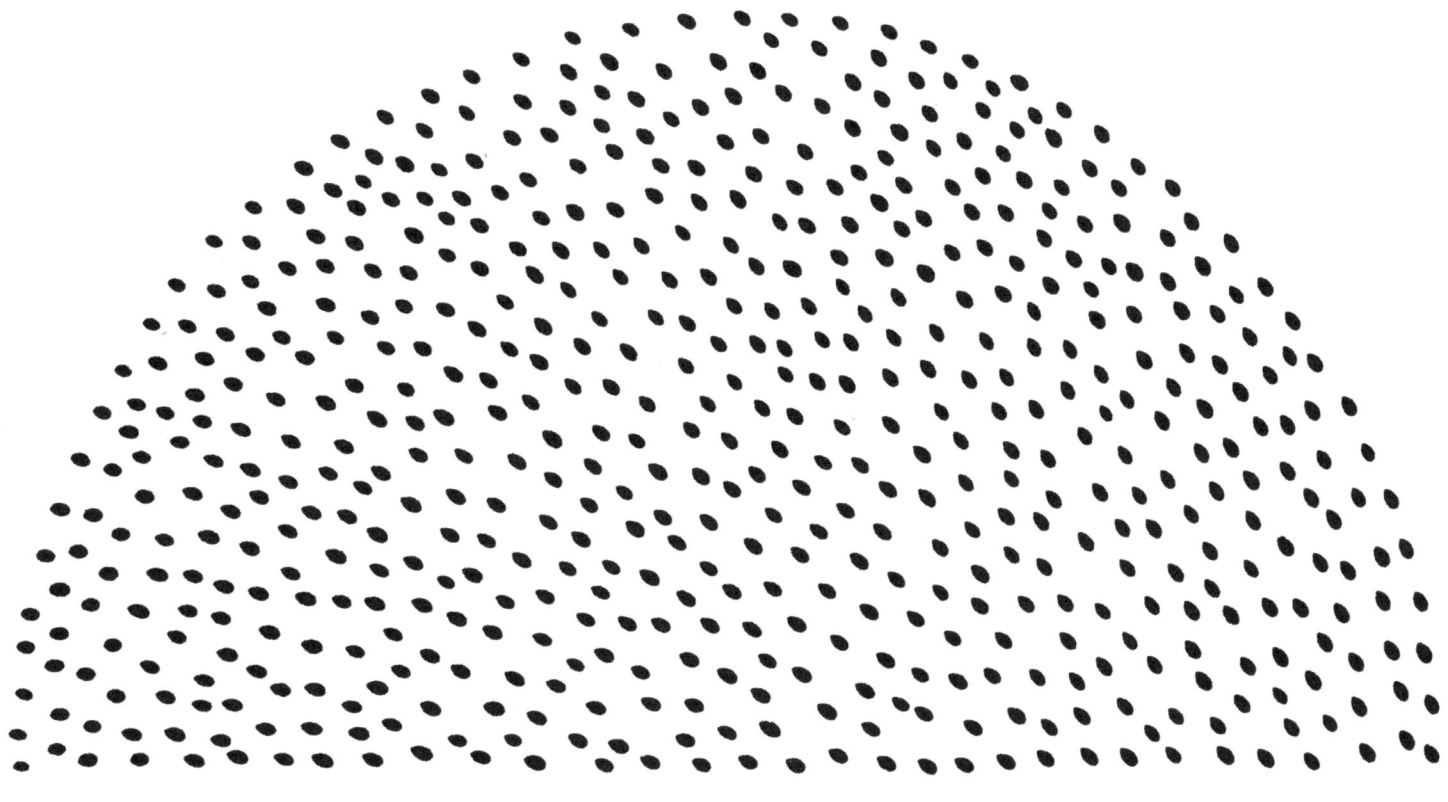

modele déposé

Mitte des Tellers

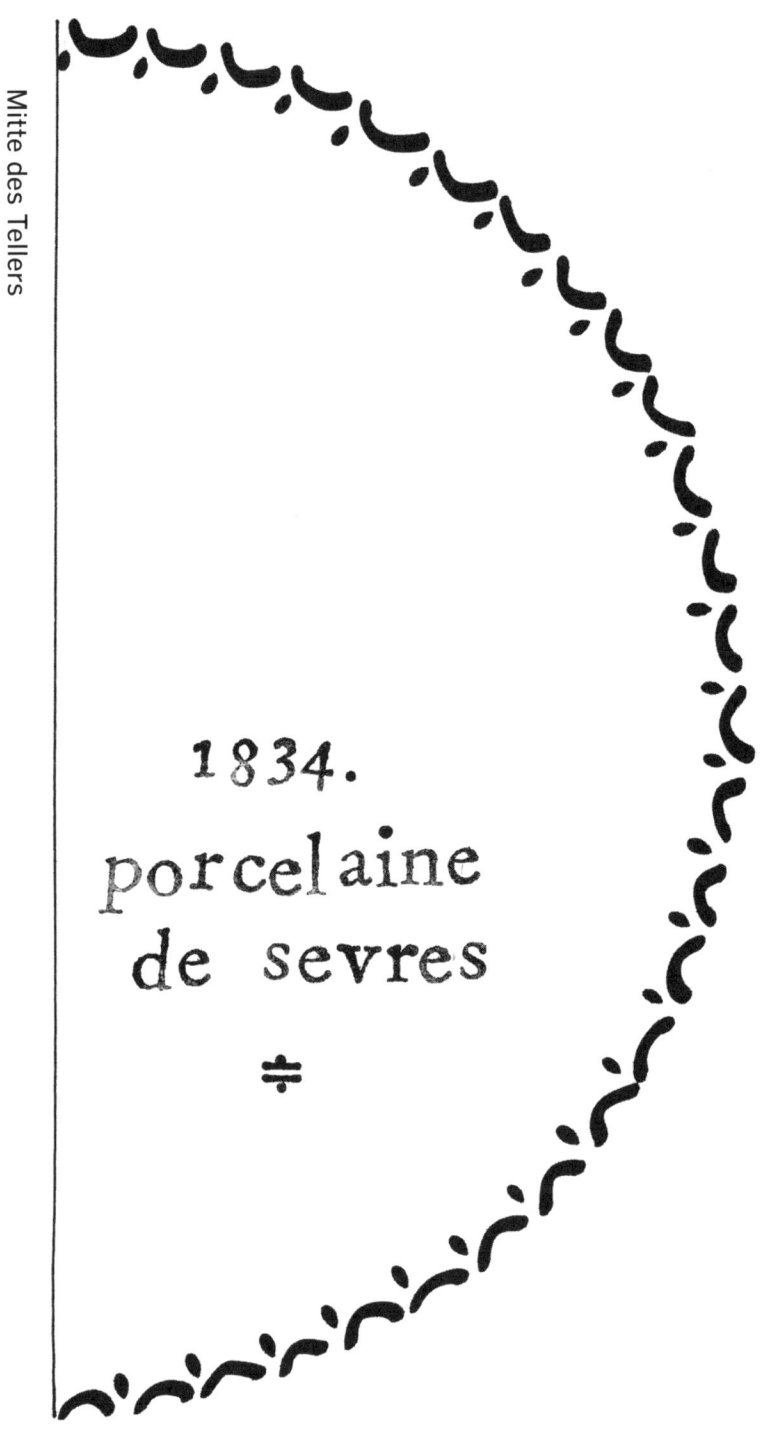

1834.

porcelaine
de sevres

÷

12

11

2

9

3

8

4 heures

6

REGISTER

Sicherheitshinweis

Bitte beachten Sie: Eine Installation von elektrotechnischem Material darf nur von Personen mit einschlägigen elektrotechnischen Kenntnissen und Erfahrungen vorgenommen werden. Durch eine unsachgemäße Installation bringen Sie sich in Gefahr. Im Zweifelsfall wenden Sie sich bitte an einen Elektroinstallateur.

Für eine unsachgemäße Installation kann keine Haftung übernommen werden.
Eine Haftung für Sach- und/oder Personenschäden ist ausgeschlossen.

Verantwortlich: Sonya Mayer
Produktmanagement: Anna Geistbeck
Übersetzung aus dem Französischen: Christine Frauendorf-Mössel
Textredaktion: Sibille Hoffmann, Anna Geistbeck
Korrektur: Asta Machat
Satz: BUCHFLINK Rüdiger Wagner, Nördlingen
Umschlaggestaltung: Caroline Daphne Georgiadis, Daphne Design

Gesamtherstellung Verlagshaus GeraNova Bruckmann GmbH

Alle Fotos stammen von Frédéric Lucano.

✳ ✳ ✳ ✳ ✳

Sind Sie mit diesem Titel zufrieden? Dann würden wir uns über Ihre Weiterempfehlung freuen. Erzählen Sie es im Freundeskreis, berichten Sie Ihrem Buchhändler, oder bewerten Sie bei Onlinekauf. Und wenn Sie Kritik, Korrekturen, Aktualisierungen haben, freuen wir uns über Ihre Nachricht an:
Christian Verlag, Postfach 40 02 09, D-80702 München oder per E-Mail an lektorat@verlagshaus.de.

Unser komplettes Programm finden Sie unter 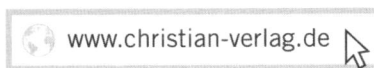 www.christian-verlag.de

Die Deutsche Nationalbibliothek verzeichnet diese Publikation in der Deutschen Nationalbibliografie; detaillierte bibliografische Daten sind im Internet über http://dnb.d-nb.de abrufbar.